s u h e i

好好愛自己

第一回

我，並不是奇蹟，
我只是尊重生命，
尊重自己作為一個女人的生命，
謙虛做好一個人而已，
無暇浪費光陰，白走一趟。

素黑

多年來，素黑從心出發，不斷探索生命、愛情、慾望、自由等人生課題的深層意義，在情緒及心性治療上，提出透徹獨到的專業意見，累積了許多感動人心、精闢到位、一針見血的金句和警語。素黑的思想，充滿睿智、啟迪心靈；她的文字，字字珠璣，深刻雋永，每一句都直指內心，直搗靈魂，讓人觸動，讓人恍然，既像一池潺潺清泉，滌清人的心靈，給人以慰藉；亦像一盞明燈，引領迷失者解開心結心魔，找到人生釋然的路向，發現超越痛苦的喜悅與平靜。

本書收錄了素黑歷年來共十一本著作中的思想與文字精粹。每次閱讀，都會有新的感悟、啟迪和發現，隨手翻翻，自會湧現諸多微妙靈感，讓你在愛裡找到活得平靜、強壯、豐盛的真正能量泉源。

好好愛自己，看似簡單，要成就卻不容易，不過請相信，這一切，都是可能的。

這是一本最好的自愛手冊，亦是一本最好的禮物書。

目錄

序

好好愛自己

序

素黑：在愛中修行

二零一五年新版序

行者（北京）
詩人
流浪修行者
素黑的心靈摯友

最初知道素黑，是在幾年前看過她寫的一篇有關尺八的文章。那時候，尺八回傳中國不久，只有極少的人知道。由於我也是國內吹奏尺八的幾個人之一，所以就記住了她。其後認識素黑，大概是在二零零八年末了。一天，我看

到她在我的博客上留言，並留了信箱給我，很是訝異。我們也就開始了交流。

先是寫信，我告訴她說，以前我曾認為，放下自己，不用「我見」去表達、生活，那還是我嗎？可恰恰相反的是，因為我不肯放下自己，而執著於自我的微小力量，才更加蒙蔽了自己，也無法擁有真正廣闊的世界和真正自由的內心。後來才體悟到，走遍重重山水，心安處便是家，外逐無非更替。問她怎麼看待。

她說：你大概還很年輕吧。我剛三十九了，感覺像十九，生命永遠剛開始。有執著也不是壞事，執著也是讓我們修行的工具而已。小小我執，當是甜品。逍遙一點觀自身，會輕鬆很多的，能量也正面灑脱。我信任你是修心的人。我們想的也是一樣的，接受比執著放下更人性，合乎道。

心態從極端的負面轉到正面

再後來，是我們相互談論自己的人生歷程，尤其是流浪，這是我們生命中都比較重要的部份。我大略說了自己多年來的流浪經歷和人生變改後，素黑給我回了信，也說了她的生命經歷和變改。素黑說，她也想和我一樣的流浪，但畢竟是個女性，一個年輕女性在路上會有多不便或危險。她自小愛好思想，一直覺得自己沒有一般人的童年和少年時代，以至於後來喜歡自閉，喜歡簡單和純粹的事物，直到大學快畢業時，投身到文化藝術政治的活動中，才稍微積極了起來。但那時候，正值香港回歸中國的時期，她更要盡自己的努力在社會的躁動中保存自由和生命力。而心態徹底的從極端的負面轉到正面，則是緣於

一九九七年她在英國南部海邊的Brighton的一段隱居生活。那段時間裡，她說她第一次感到愛的美麗，也由此奠定下了她後來在心性治療和愛上的道路，包括她如今所做的「聲音治療法」等。她這樣描述「聲音治療法」的好處，說：「在我看來，聲音是存在的核心，也是接通內在最敏感和強大的能量，而寧靜是生命無限的祝福，從聲音中能夠找出更純粹更震撼的靜心狀態……」

這是我第一次對她的人生有了較為全面的接觸和認識。這次通信的一年後，我離開隱住的正福草堂再度回到了城市，去了北京。正巧不久後素黑也來北京做心性治療的演說，我們便也就有了見面的機會。但尋求她幫助的人很多，時間很短，我們只約在共生書院的講堂中會面。當我敲開門後見到她時，一身黑色的素衣，眼神明亮，平靜又大氣，手中拿著一支黑色的尺八。我沒有想到她是如此的樸素。對坐稍談不久，我們就開始了互換尺八吹奏，及傍晚，她用最後的閑餘時間和我一起去樓下的飯館吃飯，點有兩三個素菜，並請廚師少放油鹽，不放味精雞精。

她的助手朋友隨後告訴我說，她每次來都是在附近的小餐館吃飯，從不計較，最愛吃是六塊錢一碗的素麪。知游文化的創立人陳旭軍曾經勸她換個口味，說胡茵夢是樂於享受生命的。她仍然是笑笑，一成不變地在這裡吃些最簡單的飯菜，更像是已經接受了一切生命。這令我對她的印象很深。即使是後來我們在不同地方的再見面、交談，依然是維繫著這樣的習慣和觀念。

愛和修行使人心靈愉悅

另一件印象也很深的事情是，記得我曾經問素黑，心理治療和心性治療

有甚麼不同？素黑說她不想比較。前不久偶然憶起她給我發過的幾張香港海邊的照片，她說自己現在就住那裡，尤其是在冬天，香港的海有著往常沒有的好景象。她常常於海邊散步，傾聽海浪聲、甚或也去台灣擁抱二千多年樹齡的老樹。我想，也許心性上的治癒和獲益，是會更加久遠和穩固的吧，也是極為真誠的。二零一零年的歲初，我遵循弘一大師的足跡，再次於全國許多地方行走，在杭州又與素黑見了面，並一起和我的老師塚本老人學習尺八。雨後的一天下午，素黑和我約在旅館的房間裡繼續互換尺八交流尺八的吹奏法。我們吹尺八前，只純粹的看著旅館窗外的大樹，西湖的淺岸和水浪就在眼前。我們安靜不動，窗前的大樹和湖水更像是恒久存在的，一切其後也都靜止了下來。直到傍晚，我才因有事起身離開。素黑後來對我說，這是我們最好的靈性交流記憶之一，我也受益匪淺。而深思這背後的智慧和她對我的幫助，從我和她最初的交流到如今的熟悉，從她告訴我的生命歷程到我自己觀察到的她。我曾經思維過多次，她的沉靜、積極心、純粹、靈性、樸素，無論是哪一種的呈現，都離不開兩個詞：愛和修行。這兩個詞語，在她身上，又是一直貫穿下來的。並且，常常通過她心性治療師、作家、聲音治療師等多重合一的身份，分享予他人，使他人也得到心靈上的愉悅。

——這在當今的浮華時代和城市焦慮綜合症中，更是難能可貴且值得我們珍惜的。

素黑：寧靜致遠，大愛無邊

千積雪（北京）　作家

素黑國內演講活動助手

印象素黑

素黑是這樣的女人，她把簡單這兩個字很靈活的運用在生活中，人際關係當中，衣食住行當中。在了解她的「簡單」之後，我深深的感動於，她這個胸中有真正大愛的女人。

她是很少見的頭腦清醒的女人，從外貌的冷清靜美，瘦小而平靜的女子，到接受後如湖水一般溫婉卻堅定的素黑，這需要一個過程，一些時間。

素黑是直接的。她不會把問題繞著彎子說，而是直接講她的感受，乍開始，很多人會認為她是高傲又挑剔的，熟悉之後會知道，她是簡單，謙虛，但不講多餘的客套話。這樣的風格與她太陽落在白羊座有直接關係，她只客觀的講出本意，與針對無關。

她認為的品質生活是，簡單，非常非常簡單的生活，但有流動性。最純粹的存在狀態就最好。不用擁有特別多東西，不用去奢求甚麼，素黑的家裡本著愈少東西愈好。有的都是必需品，很少裝飾物。但她喜歡流動，會一至兩年搬一次家，剛搬到新家的感覺特別好，很安靜。有大山大海，大天大鳥的感覺。

素黑很少買東西，買了東西就一定會放在家裡，而家裡的東西一旦太多了，她會感覺到不舒服，她最喜歡「家徒四壁」的感覺。她對衣著方面也沒有太多的要求，能穿即可，而且，她可以自己做衣服及改造衣服，她的裙子、衣服、包包很多是自己造的，除了鞋子要買來穿，其他的她基本可以自己造。

素黑說了一句讓我特別感動的話：「我想以簡單的生活，盡量不動聲色的在地球上存在著。靜靜地來，靜靜地離去……」

大愛素黑

印象素黑裡的印象，會把素黑描繪成一個冷漠的女子的圖像，其實，她是充滿了愛和包容的。她的愛，不是跟你絮絮叨叨的講話，她主張安靜。從安

靜裡觀自己的一舉一動，看自己身體的變化，聽周圍聲音的變化，甚至可以聽到身體本身的變化，當自己真的安靜下來，那個力量可能是無限大的。

對於一個人的愛，素黑不是跟你扯皮聊天，而是在她最疲憊的時候，還願意支撐著自己的身體，教會你一兩個英語單詞；她的愛，是在你手忙腳亂犯了錯誤的時候告訴你，不要怕，每個人都會這樣，我也曾經犯過錯，而你已經做得很好，如果能更好一點，你就更專業了；她的愛，是站在你身邊，靜靜的看著你成長，不給一句指責，在做對的地方，豎起大拇指說：做得很好；她的愛，是在你受委屈的時候，跟你一起大步流星的往前走的同時說一句：他爸的！跟你一起分享小小的憤怒……

對於一個集體的愛，素黑不是誇獎某個人做得特別好，她會很安靜的看大家的忙碌，然後說，我很感動，這個集體是充滿了愛和力量，少了任何一個人，我們都不會有今天的圓滿；素黑會在某個人很疲憊的時候說，嗨，小朋友，你該好好休息嘍；素黑會在她需要幫忙的時候加一個「請」字；素黑會在你做的任何一件小事的後面，加上一句很誠懇的「謝謝」；素黑會在每一次離別的時候，給每個人一個很真誠的擁抱……前不久在廣州結束的工作坊，她將收入的一部分，捐給了廣東公益恤孤助學促進會，捐助一對一地資助兩名小學生各十個學期的費用……

只能愛黑的素黑

大愛素黑裡，她突然變成了一個完美的女人。其實，她也不是一個完美的女人，她有她的原則和需要，她有她的最愛和只能愛。

一個只愛黑的女人，多少會讓別人覺得有點怪異，也會有人覺得是怪婆婆，更貼近地面對素黑的時候才會發現，她對黑的愛，是對生命之源的敬畏。

她不是奇怪的女人，她簡單得像個孩子，她之所以愛黑，是因為不必特別多花心思去搭配自己的衣服，一件衣服可以穿十幾年，而且，可以是自己親手造的，親手改的。她只能愛黑，是因為黑最簡單，是因為黑是一切的開始，也是一切的結束。

當黑成了生活的一部分，當從內心深處接納了黑，生活一下子變得特別簡單了，不必要費心思的想著如何搭配衣服，因為，只要有黑就夠了；不必特別費心思去變換髮型，直髮，黑色，也很美了；不必過於表現已經在人群中一下子被看到，因為，只有黑。

黑。一個低調的姿態，變得多姿多彩起來了。

這才是素黑

素黑是個真正的藝術青年，她愛尺八，愛音樂，愛銅磬，愛鋼琴；愛聲音帶來的一切變幻的人生狀態。她卻不孤芳自賞的愛自己，她會推薦身邊的朋友給大家認識，在音樂方面，她會推薦非常有才華的李耀誠先生的喉唱給大家；在她的工作坊中，她會推薦另一位導師Ocean Chan，這位跨界藝術家，人道主義者，藝術教育及治療工作者，成為她的工作夥伴。她用自己的力量，推薦出身邊非常難得的朋友給大家見面和認識。

素黑尊重生命，從樂器、植物、衣服、用品至人。如果一個謙和的人，

他的尊重會僅僅是視之為禮物，而素黑的尊重，是發自內心，那怕是她的一支筆，很普通的，她都帶著尊敬的心去愛它，而這樣舉動，比通常說的環保、宗教更加真實。

她是一個多麼好的人。當一個這麼好的人在我們的生活中，時時的折射我們的不完美，有些人就會覺得，她是奇怪的，明明是正確的，卻在這個錯綜複雜的現狀社會裡，變成了一個怪人。素黑，依然安靜，不多語言。「怪就怪吧，叫怪婆婆那不是更好。」

素黑是個愛自己的人，她給自己煮簡單的食物，她會很用心的慢慢的吃下自己煮的東西。她愛自己的身體，不讓自己吃垃圾食品，她相信身體是自然的本身，沒有健康的身體、自在的心情，不能提升心靈，也不可能傳達愛。

只能愛黑的女人，更愛寧靜，她認為寧靜是最美妙的音樂，靜觀音樂讓人啟發智慧、感受和平、福樂和宇宙大愛。閉上眼睛，打開心窗，自能以細膩溫柔的擁抱，觀照自然美、生命美。

靈性的舒展

素黑的許多追隨者和喜愛者，都認為她是非常有靈性的人，而且在靈性尋求的道路上相當成功的一位。素黑本人卻並不認為自己在靈性的發展上有甚麼成就，她很謙虛的表示只是在做一直做的事情，而這件事情涉及寫作、演講及一些活動或工作坊。她自己只認為這是一個分享心靈經歷的機會而已。

這不得不讓人想起那個佛家的，空杯歸零心態的故事。她是那麼的豐富，又給許多人帶來了心靈治療的導師，還用這麼謙卑的心態來詮釋自己。

素黑說最好的治療是提供一些專業的指引，重點還是自療，也可以稱為自癒。關於來治療者，素黑不願意稱其為病人。「我只能說，沒有人的心理沒有問題，正如沒有人是沒有病的，只是你的病有沒有發作出來。我做的工作只是告訴你重點在於愛，自愛，不在於治療。用英文好一點，healing是指整合身心靈，therapy卻是有病要醫的概念，我做的是healing，這樣說的話，有病沒有病的分野就不再有意思了。重要的是，我們有沒有認真面對自己，是不是想更愛自己。」

擁樹聽海抱石觀人生

抱樹，是素黑很愛的一項「運動」，越古老的樹能量越大。與石頭親密接觸，可以躺在大石頭上，如果尋找不到大石頭，也可以在掌心捏一塊小石頭，感受大地能量。享受孤獨，留在一個人的時間裡，做些自己真正喜歡、心情放鬆的事，對她來說，目前是做音樂，不定期離開都市，去有山有海的地方、默默與自然對話。

素黑最鍾愛的體驗是擁樹、聽海、抱石。從擁樹聽海抱石的體驗中，她和宇宙極度靠近，尤其是海，海一直和她有很親密的關係，這幾年一直住在靠近海的地方，每天一定要看到海，很多時候，跑到海邊純粹為聽海。

有時，把自己的說話和淚水投向海裡，像祭祀一樣，也是淨化自己的過程，海浪聲有強烈的治療效用。海的能量很強大，光是看著海浪明暗湧的流動，已經很感動，會想，哪裡來的力量，能推動大海，自然的力量真的很驚人，在它面前，很難有自我，只能謙卑。就是必須謙卑的感覺。

相反，樹、山給她靜。她的個性是需要經常流動，所以海的脾性跟她的很接近。雖然大海很狂、很強，同時也很包容。人有限，自然無限。最強的力量不在個人，不在物質，而在天道、大自然。大海、老樹、崇山，它們擁有最純粹最無私的力量，繞過道德、思想、情緒和慾望等人性的限制，無條件地付出能量，讓生命延續。

生命中的不能割捨

生命歷程中哪些是素黑不能夠割捨的？這是許多朋友對素黑很關心的問題。她很認真的說，「這個問題，我一直問自己，不同階段有不同的答案，小時候，曾經以為思想是不能割捨的，後來，發現真正不能割捨的，是愛。不能愛的話，活不下去。那怕有吃的有穿的有住的。」

相反，在素黑的思維裡，一直教我們要學會捨，比如，她的著作《最放不下愛》就是捨的一種；要大家放下之後，接著告訴我們的是《這樣愛，很好》，如果做到這些，我們會慢慢的學會愛，真正的愛，於是有了《出走，是為了愛》。當大家清晰的看到了一個立體的素黑時，不僅開始極愛極愛這個女人，更愛她所帶來的一切。《兩個人兩個世界》之後，又有一本小說《出走年

代》進入了大家的視野，這裡讓我們看到如此安靜的女子，喜歡的音樂竟然是搖滾。

愛・安靜

素黑近期的動態，離不開一個主題「愛安靜」，這原本是國內立品圖書為了配合新書宣傳的一個活動，結果，感性的素黑將它變成了一場很精彩的見面會。

每個作者在新書發佈的時候，都會多多少少推薦和推銷自己寫的書籍，素黑是例外的，也許源自她在人們眼中的「另類」。

素黑認為，她的書裡已經寫得夠多了，與讀者有近距離見面，是希望給對方帶來些新的東西，在忙碌而喧囂的生活中，我們常常忘記傾聽自己的內心，感受自己真實的存在。

於是，素黑在見面會中吹奏尺八（一種古老的中國樂器，一千二百年前傳入日本被很好的保存了下來），讓你用心去傾聽聲音，感受自己的內在變化。在素黑的藝術治療或心性諮詢中，讓讀者可以很快速的連接內心，和潛意識溝通。

素黑同時也運用專業的聲音治療：音叉。讓人從追逐紛擾的忙碌中，瞬間歸於平靜和安靜，通過跟隨音叉的聲音，釋放壓力、解除焦慮、破除執著，並發掘自己潛意識的無限能量。

還有銅磬，讓人在最寧靜中，聽到很遙遠又可靠近的聲音，很多人當場就落淚，太多人從來沒有認真的聽過自己，自己身體的聲音。

一年多近二十場見面會當中，素黑一字未提自己的書籍，並告訴大家，不要喜歡素黑，不要喜歡素黑的書，要找到真實的自己，活在當下。

這個讓許多人感動的女子，她沒有讓別人盲目的追隨她，她也不願意別人來崇拜她，她願意在一次次見面會當中，讓有緣分的人得到心靈的寧靜。她環保，她節約，她不浪費任何的時間和錢，她不追逐名利，她只愛自己的音樂和追求的藝術。相信，如果這些見面會中，你有身在其中的話，這些也一定是你的體會。

素寫素黑

她拒絕消費許多東西，會因為買回的東西會產生大量垃圾而不安。

她不願意去超級市場，那裡大多是「廢物」，而消費早已不是為了需要，而是浪費。

她會為地球已漸被破壞而深感心痛。

她是素食主義者，但非絕對素食主義者，深海魚油她會選擇吃，在陽氣不足的時候，她會喝一點牛肉湯或小量羊肉，但生活中，基本是純素。

她是一個極怕浪費的人。吃素簡單舒服。不必浪費自身的能量消化，消化肉比素菜會耗掉多一倍的能量，而肉食大都是酸性，容易令人疲倦，她已經將環保和簡單用於自身了。

她可以放下很多東西，但唯有兩支純黑色的尺八是她的最愛。

她有節約的美德，吃飯過後一定會將吃不完的食物打包。

她有簡單的習慣，在北京約朋友見面，坐地鐵她覺得很方便，並不用車接車送。

她有滿懷的愛，並不是抱擁你不放手，而是告訴你，你可以，去體驗就好……

後記

從不了解素黑，到慢慢的喜歡，到極愛，是一個自然而然卻又不短的路程。她對愛、對生活、對人生的理解，讓我很愛她。我倆曾經有過一次讓我感觸頗深的聊天：我天生膽小，怕鬼，其實知道沒有。她的解決方法不是告訴我，不要怕。而是告訴我，它愛來就來，你跟它一起呆著，它在你的身體裡也可以，歡迎它，並無需要害怕或者對抗。如果真的有鬼的話，它見你不跟它對立就覺得不好玩了，自然就走了……

我頓時有點明白過來，原來是自己一直選擇二元對立。

此後，我做到了，一個人不要怕。

素黑：尋找大自然的能量

王曉雪（上海） LOHAS雜誌前編輯

原載於LOHAS雜誌二零零九年一月號

按照約定的時間，我靠在酒店大堂鬆軟的大沙發上等素黑。低頭整理採訪提綱的時候，耳邊傳來一聲招呼：「曉雪你好。」溫和親切的女聲，帶著港音的普通話，我一抬首，見到素黑站在面前，微笑著朝我伸出手來。我有些意外，我以為，這個永遠一襲黑衫，聽說一個月最多只接見一兩個客人，幾乎只在網上回覆求診者的心性治療師是冷傲而孤僻的。

拍照的過程很迅疾，直率的素黑説不愛拍照，不過喜歡樹。於是，我們就在一棵枝繁葉茂的百年古樹下完成了所有的造型：倚樹聽風的，與樹擁抱的，在樹下閉著眼尋覓音叉敲擊的聲跡的……很順利。我忽然明白，素黑的看似挑剔和不配合，其實是因為她太了解自己，知道甚麼是她要的，以及她適合的。而這對很多在紛繁的人世中迷亂的人來説，太難得。彌足珍貴。

從大自然中汲取正面能量

結束拍照，陽光正好，我們在毫無蔭蔽的田徑場穿行，試圖尋找一個適合聊天的角落。蹓躂了一陣之後，素黑説：「不如就在這兒曬太陽？」太好了，如我所想。於是，我們欣然在灑滿冬日暖陽的大草坪上背朝日光席地而坐。

「太陽能給與我們正面的能量。如同樹、海和山一樣。所以，最有力量的治療師不是哪個人，而是大自然。它有著誰都無法比擬的超能力，讓愛和生命延續。當你需要撫慰、勇氣和快樂的時候，到大自然中去，打開身體的每一處感官，投入地去看、去聞、去聆聽、去觸摸……就像那個孩子一樣。」素黑指向不遠處，一個一兩歲的小男孩正在草坪上追逐一個滾動的皮球，他叫著跳著，全神貫注又興致勃勃，「我真想對那些要療傷的人說，去大自然裡與孩子玩耍吧，這是最有效的秘方，其中蘊含了最純淨且強大的能量。」

素黑的話讓我想起自己對大海的那種莫名的依戀，我對她說：「每當我到低潮期時，都會在睡夢中見到大海，醒來後，就會找個最近的週末去海邊，而每次只要到了海邊，我的心就平靜了下來。」我看到素黑的黑眼睛裡有贊同的目光：「你是一個會自療的人，而且你很善於借用大自然的幫助。十年前的

那個秋天，感到累極了的我拋開一切出走浪蕩，也是被大海神秘的力量召喚，在英國南部小城Brighton一呆就是一年多。每天坐在面朝大海的窗前寫字、看風景，平靜又快樂，那個海邊的小鎮給了我再生的力量。」

安靜，在於安，而非靜

幾個月前，素黑和兩個同樣鍾愛聲音，並以此為專業的朋友在香港共同舉辦了一場全黑靜心音樂會。在一個佈置得漆黑不見五指的書店裡，全心享受框鼓、喉唱、尺八、銅磬、情感聲音……在那場音樂會上，素黑建議聽眾：「跟著聲音的流向伸手摸黑，撫摸聲音，或者隨意打坐、站禪、輕微擺動身軀、搖頭擺腦，或者純粹的靜默，讓一切的發生降臨身上，把感覺溫柔地放在心的位置上，滋養心靈力量。」

從小就迷戀於各樣聲音的我聽來不禁心嚮往之。見狀，素黑說：「我吹尺八給你聽。」她從隨身背的布包中拿出尺八，這是我第一次見到這種名字獨特的竹製樂器，雖然我早就從素黑的文字中知道這是她不可或缺的親密伴侶，以至於她在出走浪蕩的時候都帶著它。空闊的草坪上，素黑在輕輕拂過的風中嗚嗚地吹起尺八，我閉上眼睛，聆聽這個空靈又沉厚的樂音，尋找它縈繞出的靜謐空間。

繼而，素黑在我耳旁敲擊那套名叫「天使」的音叉，一聲，一聲，悠揚遼遠，綿長不絕。我仍舊閉著眼睛，不自覺地，心就循聲而去，那一瞬，空間仿若靜止了，追隨到最末的一絲，我發現了自己的安寧。這就是聲音的力量。

「平衡身心靈的方法，不是要讓一切停下來，靜下來。如同我們常說的「安靜」這個詞，其實關鍵在於「安」，而不是「靜」。其實很多人都害怕

「靜」，因為當周圍「靜」下來時，人就會面對自己，這卻往往讓人愈發慌亂。這個世界本來就是動態的，但凡有動就會有聲音，所以求靜不如求安。重要的是，我們如何尋找到與自然、與自己共振的那個聲音。」

學會與自己共振

「與自己共振？」我有點疑惑。素黑教我捂住耳朵，閉上眼睛，吸一口氣，然後持續地從喉到腹發出「嗚」或「啊」「呃」「嗯」的聲音。「你可以嘗試不同的調，尋找到讓你最舒服最放鬆最沉靜的一個，那就是屬於你自己的獨一無二的聲音。當你發出這個音波的振動時，你會感覺到與自己的共振，共振也是一種和諧，是人所需要的諸多能量的來源。而人與人之間，如果尋找到心的共振，那就會讓整個世界都美好起來。」

當再次睜開眼睛時，我與素黑相視一笑。從光到黑再到光，一次小小的嘗試，我想我能感受到素黑所說的：讓黑暗來增加意志和愛，強壯自己的能量，你將不再害怕甚麼。

我不得不說，這不像是一次採訪，倒像是一場私聊，甚至是一場玩耍。我們吹尺八，聽音叉，捂著耳朵發出自己的喉音；看不遠處叫喊著蹦跳的小孩子，感受眼前飛過的昆蟲翅膀扇動的頻率；我告訴她我的喜好，她教我如何觀照自己；而在我們分享各自出走和觀海的經歷之後，驚喜地發現彼此是能夠共振的人。

「尋找共振，尤其是學會與自己共振，這是我們能夠獲得源源不絕的能量的最好方式。」是啊，獲得源源不絕的能量！難怪這個歲數整整比我大一輪

的黑衫女子，在燦爛陽光下笑意盎然地說：「明年，我十九歲！」

我的存在意義，就是分享

黃長怡（廣州）《南方都市報》記者

原載於《南方都市報》二零零八年十二月十四日專訪，
內文稍經編輯

沒有病人，只有迷失者

南方都市報：你的書中講到關於自虐、受虐的問題，現代都市女性為甚麼常遇見類似的情感問題？

素黑：我想是因為女性對自己的潛意識心理不認識，過於感情用事，表面以為是付出愛，可是所發放出來的能量並不夠正面，錯用的能量讓女性愛到失去自己，迷失和傾向投入負面情緒，漸漸變成情感的惰性，忘形地享受著隱性的自虐和他虐的快感。

南方都市報：將病人的故事公開，她們願意嗎？

素黑：她們不是病人，她們只是求助者。在我的治療世界裡沒有病人，只有迷失者。所有公開的個案，都是事前讓她們知道的，而且我在網站上已列明提案者的個案有可能被出書，不過身分會被保密和修改。

南方都市報：你覺得對這些求助於你的人，怎樣的幫助才是最好的？

素黑：首先讓他們不自封為病人，並且要相信自己有能力治癒自己，幫助自己。然後是讓他們明白一切問題必須先以定心為基礎，而非解決。有太多問題並不可能一下子解決，應先處理心態和情緒，把問題先擱置一旁，不能放下問題，便應先放好，先從身體入手改善自己的情緒，而非在問題裡兜圈浪費更多的能量。待情緒舒緩後，再回看問題，問題自會被融化，而不執著於解決。

先從身體開始改善自己是很重要的，太多人只想到在所謂心理的層面明白問題，其實我們沒有那種智慧，可身體已經在受罪了。我們對心理並不理解。我們慣用腦袋處理、解決和製造問題，忽略了更關鍵、影響力更大的心。很多人因為情緒問題而患上胃痛、頭痛、失眠、便秘、經痛等，卻覺得這些並不重要，重要是先解決問題。其實這是錯誤的。一個長期失眠和便秘的人，不可能改善情緒，也同樣不可能解決困擾的問題。自愛的第一步，是先照顧好自

己的身體，才能改善心性問題，達到心靈提升的層次。這是身—心—靈的修煉次序。

不能「放下」就先「放好」

南方都市報：「放好」與「放下」有甚麼不同？

素黑：「放下」是要修煉得來的，要把自我看得很清，慾望放得很低，但這並不容易，一般世俗的人，很難短時間內修成，所以，在治療的層面，希望短期內有改善身心的效果時，最好是先「放好」問題。「放好」是沒有否定問題，只是先擱一旁，做別的，把能量轉移到其他事情上。放好，就像我們把不捨得扔的東西找個地方先藏好，和它重建關係，但不太親近，讓大家都改變。某年某月，再把東西拿出來，可能已可以怡然地扔掉了。但不宜積累太多東西，可以減的，就先減。要讓時間過，要經歷。這是我的真言。有一個療法是我建議的，就是，女士們能把衣櫃內三分之一的衣服和鞋轉送或扔掉，你的情緒會改善最少三分之一，心胸會擴大三分之一，剩下的，就是心靈的寶藏，人輕鬆簡單多了。

南方都市報：「放好」這個說法是你的創造嗎？

素黑：「放好」是我創造的，但這並不重要，其實沒有甚麼是某個人一人創造的，這是智慧，是宇宙創造的。

南方都市報：先從物質，再到心理是嗎？

素黑：可以這樣說，從日常生活開始修行。有些人可以一開始就修心，但消費狂的人、沒安全感的人，可以先從放下物質開始修。

南方都市報：其實消費狂是不是一種都市病態？

素黑：對，也是被商人集體催眠的結果。但我們被催眠以為那是需要，不買不行，不安全。現代人追求的安全感，已和物質分不開。連愛也要扣緊物質，不然，就是虛無飄渺，很荒謬但很現實。

另一個放下的方法，就是靠近大自然和自己的聲音。讓自己和大自然的聲音共振。我在廣州搞的工作坊，就是以音樂和聲音為主，重歸內在聲音。還有現場的框鼓演奏，那是有最長歷史的定心方法之一，其二是歌唱、聲音。

南方都市報：「身─心─靈整合」又該怎麼理解？

素黑：這次序很重要，因為一切自我修煉都必須先從身體開始，身體是修養的第一步。一個人要愛自己的身體，才能接受自己，才懂得愛，因為愛是很具體的感覺，是身體處於舒服和放鬆的感覺，這感覺讓人產生心理舒泰的效果。這樣的身和心才能互動，兩者協調成最優化的狀態，便能提升至超越物質和身體的心靈境界。

南方都市報：你覺得讀了你的書，讀者可以從書中找到解決自己問題的方法嗎？

素黑：讀書是不可能解決問題的，治療的重點不在讀書，而在行動。我的書只

是路燈，讓迷失的人看到前面有一點光，真正治療自己的不是我的書，而是他們從書中感染到力量，認同和願意走出自愛的第一步。

面對情感不可能有專家

南方都市報：以你這些年的經驗來看，現代人的情感問題的趨勢是怎樣的？

素黑：情感問題歷來都大同小異，都是執著和貪戀的結果。現代女性經濟獨立了，問題也多在心靈層次得不到交流的空虛上，而非如以往更多是擔心失去伴侶的經濟支柱，得不到社會的認同等。物質的富裕讓人對愛的要求也變得更物質化，也更難得到心靈的滿足。

南方都市報：你如何讓讀者對你完全敞開心扉？他們為何願意和一個素不相識的人說出心裡最深的秘密？

素黑：我天生有讓人信任和對我敞開心扉的吸引力，這點我也不很清楚為甚麼。但有一點我是肯定的，我是非常坦誠和認真的人，我非常尊重來找我的每一個人，也許是因為我的門是無私地打開，讓人感到很安心，能信賴。當然，我的專業和修養也是讓他們願意靠近我的原因吧。

南方都市報：你是心性治療師、作家和情感專家，在這麼多的身分之中，你最喜歡哪個？

素黑：我感到最舒服的是寫作，心性治療只是我在世修行的一部分，它不是身

分，也不是事業。情感專家只是媒體封的，我並不覺得自己是情感專家。面對情感不可能有專家，那不應是一種職業。

南方都市報：你書中提到有「醫者能醫而不能自醫」的情況，你有嗎？

素黑：我也會有一般人的煩惱和情緒，但我能觀照自己，並願意讓自己平衡起來，有高度的覺知讓自己不陷於沉溺痛苦和自虐的隱性快感中。我最喜歡以出走的方式讓自己放鬆，出走是我最喜歡做的事情，也是我感到最自在的存活狀態。

南方都市報：你說過解夢不能信，很危險，因為做夢很隨性，為何在書裡你還在為別人解夢？

素黑：解夢的意思是用夢裡的內容和特徵套入既定的解讀意義裡，為夢找一個解釋。我並不認同這種解夢行為，因為那是不符合夢的結構和特性。我在書裡不是解夢，而是帶領讀者從做夢的情緒更了解自己當下的心理困擾或潛意識的暗示。就像催眠一樣，那是我們和潛意識溝通的方法，而非解讀自己的途徑。沒有人能解讀自己的潛意識，但我們可以學習和它相處和溝通，更進一步了解自己的當下狀況，觀照自己。

南方都市報：你當過老師，做過多年的藝術工作，是如何走上現在的道路的？

素黑：是緣分。我是很多變化、不斷向前的人，由藝術工作到教學，到心性治療，寫作，其實都是貫通的。我關懷的是人性，做任何事都以人文關懷出發，如何尊重人性、尊重自己和別人，尊重生命的本身。近期我更多在聲音、音樂

和靜心上研究，發掘其強大力量，如何更有效讓人平靜、發揮愛。我正在計劃一些靜心工作坊，也正在作曲，設計自創的觀音定心鋼琴、尺八音樂，也會在工作坊裡現場示範，也將出版自己創作的靜心音樂CD，還有很多其他相關的計劃如生命教育、生態旅遊項目和公益賑災活動等。

能赤裸在海裡是一種幸福

南方都市報：你大學期間是涉獵廣泛的「旁聽狂徒」，學習過哲學、醫學、政經、藝術、音樂、文學等，有沒有學過專業的心理課程？

素黑：我中學已修心理學，但我目前的心性治療內容跟心理學無關，必須強調我不是心理治療師，也不是心理學家。西方心理學有很多限制，反觀東方有很長久的修心傳統和方法，我的心性治療是結合古今科學、哲學、心理學、醫學和藝術的共融。

南方都市報：你的性格很敏感嗎？是否覺得自己很適合這個工作？

素黑：我的直覺很敏銳，對別人和自己的感覺、情感狀態很敏感。必須再次強調我的心性治療非工作或職業，是我個人修行，貢獻自己的路。

要洞悉別人的心、情感狀態和潛意識並不容易，也不是從書本、專業或學科學回來的。你必須是個心很清純、很豁達、正氣和充滿大愛的人，才能有能力看穿別人的心和困苦所在。要治療的話，光有心是不夠的，更需要涉獵不同文化、宗教、科學和藝術等知識，經歷和感受，融會貫通，不斷進修和自我

提升，更重要是放下自我，讓宇宙能量通過自己向別人奉獻。我的智慧和能力不是我的，而是宇宙的大愛給予的。

南方都市報：能不能說你是內向的人？

素黑：我很外向，也很享受一個人。我是安靜，並不內向。內向，若是一般的意義，就是收藏，不分享。我不是，我是內「觀」多一點，呵，是很活躍和敏感的。我的存在意義，就是分享。分享非常重要，治療也是分享，藝術也是分享，愛也是分享，是能量交感，溫度交流，很美麗的存在狀態，能這樣活，不可能寂寞、害怕。我只是聆聽上天給我的啟示，貢獻我的能力。

南方都市報：聽說你又要出走，是因為最近太忙想放鬆嗎？

素黑：出走是必然的，這次重返十多年前出走的布萊頓，到海邊。

南方都市報：為甚麼是必然呢？

素黑：對我是必然，因為我最舒服的的存在狀態是出走。

南方都市報：在海邊做甚麼？

素黑：安靜地坐，沉默，聽海，睡覺，感恩，吹尺八。

南方都市報：你是自己找一個房子，還是住在旅館？

素黑：找能短租的房子，我不喜歡酒店。我喜歡自己煮食，我吃得很清淡，館子的食物太油太多調味。

南方都市報：你說過你很少化妝，看起來你很年輕。

素黑：心態年輕，自然看起來年輕啊。我常覺得自己已回到十九歲，很快會回到九歲。化妝我是不喜歡的，也不懂，沒研究。禮貌上需要化妝的場合可以化一點點，也沒甚麼。我只是覺得，好端端的，把東西塗到臉上，不舒服。可以的話，我也不喜歡穿衣服。我在家就常常不穿衣服。我喜歡輕鬆自由的感覺，可因此常常冷病，呵。能赤裸在海裡，是一種幸福。

愛在閱讀素黑時

陳天瑜（香港） 知出版前編輯

發現自己的能量

在美國作家Malcolm Gladwell的暢銷書"Outliers"的封底上，《泰晤士報》給了這樣一句評語：「他是最好的作家，因為他讓你覺得自己是個天才，而不是他。」（He is the best kind of writer — the kind who makes you feel like you're a genius, rather than that he's a genius.）讀到這句話時，我立刻想起了素黑。讀素黑的文字、與素黑聊天，不知怎地，總能讓人發現自己內

在的能量。素黑講話，節奏是慢慢的，語氣是肯定的，臉上是笑笑的，用詞是精確的，簡單的幾句話、幾行字，便能替你撥開那層朦朧的雲霧，看見最清晰的畫面、最真實的風景。老是覺得，她一直想給我們的，是一根魚竿，是讓我們遇見自己、面對自己、發現自己、治療自己的工具，她並不會直接給你一條魚，因為吃光就再沒有下一條了。

帶來寧靜的聲音

記得第一次參加素黑在香港的新書發佈會，當時我是出版社的工作人員，才認識素黑沒多久。每次協助舉辦演講或發佈會，由於身負工作責任，加上本身並不是很擅長控制場面的那種性格，也不太愛人多熱鬧的場合，我整個人都會變得比較緊張，全情貫注地留意現場的各種情況，所以老實說，很多時候對於演講的內容，並沒有聽進去，事後也不太記得；好幾次活動結束過後，可能因為神經緊繃的關係，還頭疼的厲害。可是那次參加素黑的發佈會，卻讓我有不同的感受，印象深刻之餘，還獲益良多。那次的發佈會名為「靜心觀音」，素黑帶來了一個類似砵的東西，黑漆漆的，長相奇特，覺得有點像客家擂茶用的擂砵。由於忙於現場準備工作，也忘記問問素黑那是甚麼寶貝。發佈會上，素黑請聽眾閉上眼，說要敲打那個黑砵，教大家靜心的方法，出於好奇，我不禁跟著她的說話去做，與大家一起閉上了眼睛。在黑暗中，耳朵聽著那一下一下、緩緩的敲打聲，那種悠長、深遠、空靈的音色，讓我莫名感動，每敲一下，全身都起雞皮疙瘩，彷佛進入了另外一個空間。後來我才知道，那黑砵子叫銅磬。雖然我沒有素黑的銅磬，但這種獨一無二的聲音卻烙印在我的腦海上了，有時候覺得煩躁了，會不期然想起這個聲音，心裡便會找回一點平靜，這是很寶貴的一種能量，因為可以用上一輩子，不會消失，也不須借助外

界，便能擁有安撫自己的力量。

有話直說的作者

我很喜歡跟素黑合作，每次編書的過程中，她給的意見和指示都十分清晰，有話直說，就事論事，從不會讓人無所適從，也不須耗損心力地辨開各種客套場面話的表皮，再浪費時間地尋找對方真正意思的核心。素黑說，有些工作伙伴很怕她，因為她對工作有要求、有態度，他們若不尊重工作，不尊重自己，遇上她，便會害怕，覺得她挑剔、難侍候。其實他們害怕的，是自己，他們擔憂別人的專業，會映照出自己的無能，無法面對了，不想接受了，便以指摘對方的方式以證明自身的合理。但如果你是一個敬業樂業的人，和素黑合作，會覺得她十分開放，非常寬容。她會提醒你要注意某些事情，但不會責怪你，她會說，沒關係，慢慢來，還有謝謝你。一句溫柔的話，反而讓人更不敢怠惰了。有一次，我跟素黑說想到內地工作，原本只是純粹的聊天，本身也沒有甚麼具體的計劃，她竟然二話不說，給了我一些內地出版界的資訊及編輯們的聯繫方式，那可是她累積多年的寶貴人脈資源呢，真讓我既驚且喜。其實我們平日相處的時間不長，每逢出書期間才有較多的接觸，一般人才不願意如此大費周章吧。感謝跟感動，實不足以形容我當時的心情。

閱讀素黑的美好

為了編輯這本書，我一口氣把素黑的所有著作看完，部份內容更反覆看了好幾遍，我很感恩能有機會擔任這項工作，因為素黑的文字，只看過一遍，有時未能發現當中的深意，多看幾次，體會更多，同時記憶也較深刻。素黑的

書，幫我釐清了許多概念，一直以來，對愛情的某些想法，是迷迷糊糊的，自己也搞不清楚當中的道理，但素黑一語中的，簡單明瞭，這讓我在兩性、愛情、自我方面的理解，層次上一下子提升了不少。後來我有好幾次想發脾氣破口大罵男友不解溫柔、不懂體諒之際，腦海中浮現了素黑的話：「女人只能改變自己，不是男人」。埋怨、責怪的話，頓時停在嘴邊，臉上自動換上一抹彷佛洞悉世情的微笑，當然，也就此化解消弭了一場只會互相傷害的無謂爭吵。

不過，努力學習還就付出之後，另一個困惑出現了。到底付出與自我之間該如何拿捏？太遷就對方了，會失去自我；太堅持自我，又無法溝通。看過素黑的書，對於這個問題，我才有點恍然大悟。她說「愛是個人的修行」，「愛是自我的提升」，而且「只有純粹地付出才是真正的愛」。原來，付出是為了提升自己，體諒也是為了修煉自己，想讓個人心智更進一步，則無謂要求回饋，亦毋須斤斤計較，不要把自己和對方的付出，放於天秤上衡量，自我修行到了哪一個地步，便誠實付出到那個程度。因為「最舒服的愛是自在，不期待別人，不等待自己」，而且「假如付出就是苦，你的愛只剩下苦；假如付出就是福，你的愛便很幸福。」

讀過素黑，我也看懂了其他大師們的話，有一種融會貫通之感。在李安的電影"Taking Woodstock"裡，嗑了迷幻藥的女生對主角艾略特說了一句話：「每個人都有自己的觀點，正是那些觀點，讓愛排除在外。」（Everyone has their little perspective. Perspective keeps the love out.）換作是以前的我，肯定無法認同這句話。有自己的觀點，這不是很重要嗎？讀過了素黑，我才明白，原來每個人都以為自己很有想法，因此都不想付出，不願意耐下心來聽聽別人的想法，如此愛當然便不存在了。讀叔本華也是一樣，他非常欣賞法國作家尼古拉·申富特的話：「快樂不是容易的事，在我們自身之中很難找到，在別處更不可能找到。」可見依賴別人施予，是得不到快樂的，只有從愛自己、提升自己做起，才有機會遇上幸福遇上愛。

提升生命的關鍵

《好好愛自己——素黑心語01》抽取了素黑歷年來共十一本著作中的思想與文字精粹，重點式地獻給讀者，希望你能細細咀嚼，反覆玩味，讀後必定能有所得著。在人生路上，記得無論是遭遇阻礙，還是傷痛來襲，別緊張別難過，要知道心的方向，由你掌控，必先好好愛自己，才能前進或轉向，正如素黑所言：「就等你一個決定，生命將瞬間改變。」

我，活在現實裡

自序

曾經有個找我做心性諮詢的男律師客人坦白對我說，他不希望女兒將來像我一樣做作家，太苦了。他希望她學一門專業，像他一樣，將來能保障生活。

假如我有一個女兒，我會告訴她，好好尋找你的夢，實現你的夢，做你想做的事，做甚麼都可以，做好它，負你選擇的責任。

不少讀者和媒體朋友經常對我說，素黑，很羨慕你擁有這麼豐富的一生，活了人家幾世的生命。我無法做到像你一樣豁達，放得下那麼多，擁有那麼多。

別羨慕我，我經歷過的，我敢肯定，知道內情的話，一萬人裡沒有一個願意同樣經歷、堅持和承擔。

別只聽我寫或說甚麼，有機會，看我經歷過甚麼，做過甚麼，那才是真實的我，而不是你想像中構想裡那個神秘的我。我願意把我經歷、體驗、走過的路和大家分享，和我愛的人分享。我的生命，就是分享。

多年來，每個人的來信我都親自處理，從來沒有助手。我記錄每個人包括朋友來信的日子，細心做好檔案。十年前的讀者再寫信給我我也能認出。這不是尋常的工作，也確實沒有必要，但我還是細心的做了，這是我對每個生命的尊重。我重視他們，即使他們有些並不尊重我，甚至中傷我。不喜歡我不重要，重要是，你要喜歡你自己，好好愛自己。每個生命要面對的不過是自己，不是他人。

人要活壞很容易，活好卻很艱難。身邊太多活壞的人，可能不是他們刻意選擇的，但他們卻承擔不起生命中的業。可以美麗，簡單一點，把自己交給自然，交給天，也許是最後的解脫。或者，我一直想像人可以變好，一切可以變好，只是我寧願美化一切的借口。最脆弱是我，最堅強也是我。

我的一生已夠了，把我最好的奉獻，便能安息，靜靜離開這世界。我沒能力只為自己的安好而活，最快樂、最痛苦時候，我願意同時把愛默默輸送，這樣很好。我沒有宗教，也不需要。我沒資格做愛的權威，告訴別人甚麼是愛，但我很願意分享我感受過、實踐中、具體的，亦傷痛亦快樂的愛，所以我還沒放棄寫作，還在發展心性治療。最純粹美麗的愛是有可能的，請別輕易否定或放棄相信。我希望世上不只我一個人能活現它出來，那怕到最後可能不過是我一個人天真多情，我願意繼續堅持。

愛是最大的孤獨，這點，我切心感受。

一位多年來不斷嘗試各種宗教和身心靈治療，希望從中找回自己的女客人告訴我：「我現在明白了，尋找自己的路，照顧好身體，享受生命，對自己負責任，這是你教我的，對自己的生命完完全全的負責任，這才是真正的愛。我不再害怕了，謝謝你把我拉到岸邊，踏踏實實地找到立足的重心，不再浮沉。我已活在現實裡，我的心變得很強壯。」

其實我沒有改變她，我只是在她面前做回我自己，讓她看到一個女人可以活得平靜、強壯、豐盛和有愛的真正能量泉源在哪裡而已。那絕對不是妄望戀人能給我照顧，家人給我力量，讀者給我支持，甚至從任何物質可以獲取的滿足，而是對生命對自己對地球一份無條件的信任、問責和愛，無懼孤獨，勇敢去愛，相信，實現夢。活在現實裡，具體行動，實實在在，不再幼稚幻想，這是每個人應追求的生命狀態，也是活著最強壯的力量。像我這個外表柔弱，資質一般，際遇平平，情感豐富，能力有限的女子，一樣可以活得心安理得，堅強，平安，能分享愛。我，並不是奇蹟，我只是尊重生命，尊重自己作為一個女人的生命，謙虛做好一個人而已，無暇浪費光陰，白走一趟。

我不想等待，我只向前走。

有人好奇我寫愛，到底私下怎樣愛。我寫的跟我做的沒分別，信不信由你。愛是複雜的，像人的本質，但也可以很純粹。我，一直都是這樣默默愛：

他愛我，我加倍愛他。

他體貼我，我無限感恩。

他包容我，我沒有驕傲。
他忘記我，我體諒他。
他忽略我，我更獨立。
他冷漠，我依然熱情。
他隱瞞，我沒有保留。
他自私，我給他機會成長。
他粗心，我更照顧好自己。
他脆弱，我更強壯。
他傷我心，我堅強自己。
他沒兑現説話，我給他鼓勵。
他需要扶持，我隨時準備好付出。
他累了，我照顧他安心睡。
他難過，我微笑吻他的愁。

他迷失，我點燈守候左右。

他失敗，我不離不棄不灰心。

他快樂，我比擁有一切都滿足。

他生病，我寧願代他受苦。

他浪子歸，我窩暖緊緊抱。

他狠了，我對自己更溫柔。

他變質，我祝願他變好。

他背叛我，我為他禱告。

他否定我，我更肯定自己。

他讓我失望，我說我愛你。

他對我不起，我說謝謝你。

他離開，我隨時在。

他消失，我活好自己。

愛累了，心死了，沒緣了，我說對不起，原諒我，謝謝你，不勉強，安靜地出走。撒一點淚，微笑上路，好好愛自己，好好修自己，但願人長久。

愛也許真的很苦，但走過崎嶇山路，攀上山巔，張看游移天地間純粹的寬大與寂靜，得到的，便是超越痛苦的喜悅與平靜，身心靈天地人合一的壯美與圓融。一切，非常值得。每個人走自己的路，可以更艱難，可以更輕鬆，終站風景該一樣好。很難嗎？太不可思議嗎？我只能說，很不容易，但，是可能的，是可能的。能這樣去愛，在覺知裡，可以很美麗、很享受、很幸福，沒遺憾。但願你也相信，願意，享受，感謝一生有機會這樣愛。

好好愛自己。合十。

素黑

二零一零年一月於北京

還是這乾淨利落的五個字

二零一五年新版自序

五年前出版《好好愛自己》一書時，香港的出版社是積極地支持和推動，大陸的出版商卻跟我說不如改個更迎合潮流的書名好嗎？譬如含「男人」「女人」字眼的，甚至說不如暫擱下此書，先出版已確認能佔有市場認受性和暢銷條件的感情個案分析書。我決斷地回應：我要出版的是這本《好好愛自己》，不是其他書，書名也必須維持《好好愛自己》，因為書的核心訊息正是這乾淨利落的五個字：好好愛自己，不是男人是甚麼女人要怎樣那種層次的東西。對這本書沒信心或不認同，希望先出版其他書的話就不合作好了，不要勉強。

對方最後不情願地妥協了。結果，這本在他們眼中書名改得太平凡，內容也欠麻辣點子的素黑心語錄，在沒有任何推廣和宣傳活動下，意外地「砰」地一聲雷響，到今天的累積銷量已接近九十萬冊了，還沒有計算非法電子版和盜版書的銷售量。

當年我策劃這本書的原意，是希望給讀者提供一個方便，能在特定的素黑式關鍵詞主題內，爽快地看到一語中的的相關語錄。反正原來大部份讀者都像學生一樣在我的書上劃下無數標記，把重要句子勾出來，寫下筆記，方便往後回味和反思。是的，讀我的書似乎已形成一種特有的方式和需要，就是不可能只讀一次，也不可能只讀一年。隨著閱歷、體驗、成長和失敗的積累，須要一而再、再而三的重新閱讀，反映自己的轉變和成長。就如近年我經常提醒讀者的一句話：「你不是來看我，你是來看你自己。」事實上，很多讀者都感謝我，因為我的書陪伴了他們走過人生重要的年輪，見證了他們自身和感情上的成長史。

《好好愛自己》的出現，為讀者帶來更多自我檢閱和成長的機遇。幾乎每到一個地方，每出席一次演講會，甚至每帶領一次自我整合課程時，都會有讀者親自上前跟我說謝謝我寫了這本書，改變了他的人生。有讀者告訴我因為這本書，讓她和母親多年的惡劣關係得以改善；也有說因為這本書，令他決心打消自殺的念頭，重生一樣再上路；也有大學教授向學生推薦這本書，讓他們學習了解愛與生命的深層關連。而借用了書名這乾淨利落的五個字或拼音作為微博、微信或郵址名稱的讀者，也一度成為網絡現象。

舊版的自序原文內，寫我到底私下是怎樣愛的那段話在網上也曾被瘋傳

過，激動過很多人。説激動不是指他們的感性回應，而是他們看到在愛面前自己有多虛弱和無能，即使都覺得愛可以是、應該是像我寫的那樣，不過結論總是這掃興的一句：「可誰又能做到？」你要知道，一旦問了這句話，第一個遠離愛的便是你而不是誰。因為這一問，你須要更謙虛和決斷地繼續在愛和做人的功課上修煉很多年，甚至很多生。

再版這書，我其實沒有更多的補充，希望讀者得到的啟迪，還是那麼簡單而根本的五個字：好好愛自己。沒有比這基本的活著態度更重要了。

素黑

二零一五年四月於香港

假如我們可以放下自我，簡單地活在仁愛的溫度裡，我們可以品嘗到感情的甘美，然後步向更大的愛的境界。

不過在我們還沒有好好愛自己前，其他一切，都只是思想的晃子；所謂的愛，也可能不過是感情用事的結果。

人緣上太多無法解釋的矛盾，
每個人最終只能誠實面對自己的生命，
體諒一切不如意的發生。

讓不完美的人事存在，
向更美好的願景張看。

尊重伴侶的感受，
管好自己的慾望，
才有資格叫伴侶別亂想，
要信任你。

你只能觀照自己，
看到自己的弱點或限制，
然後尋找定心和培養定力的方法。

能修煉到哪個境界，
沒有道德標準，
要用自己的一生去體驗和承擔。

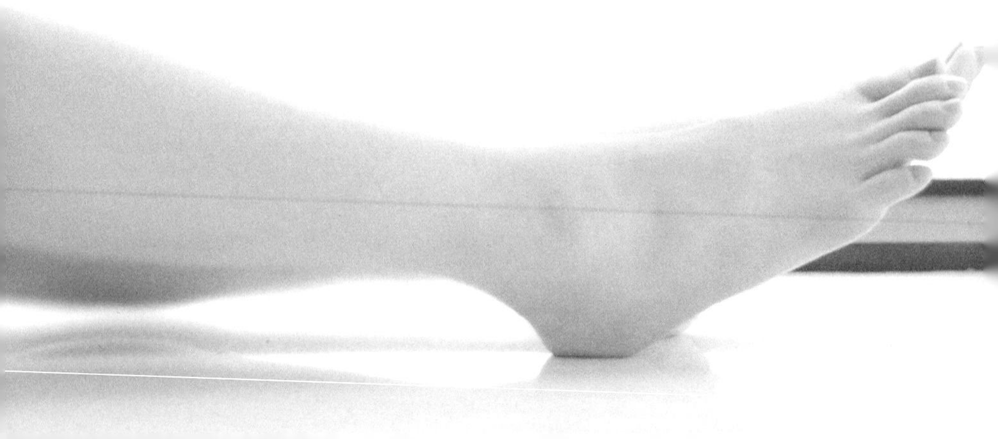

管好自己的生命，
永遠比整理別人的生命更有意義，
建樹更大。

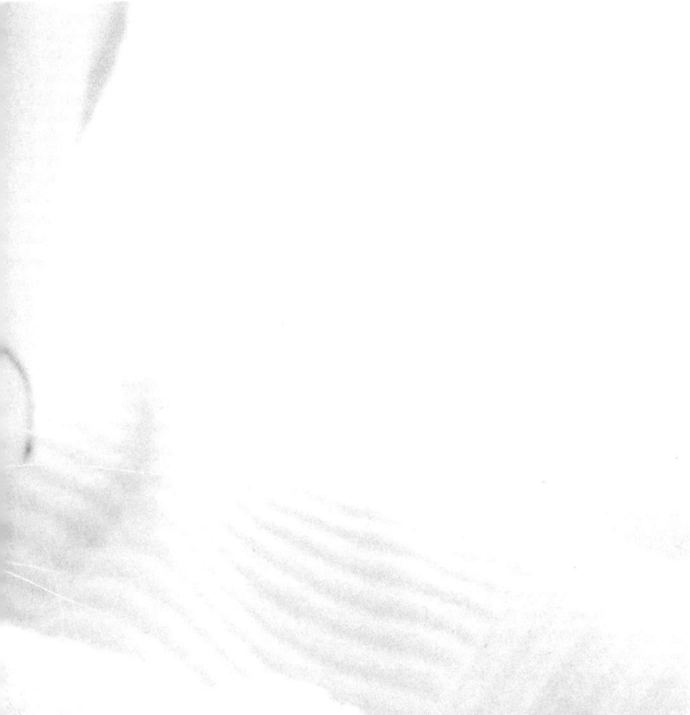

愛

愛 vs 感情

某讀者問我，我常說更大的愛是廣義的愛，跟狹義的感情有甚麼分別呢？

她說：「我搞不懂我的感情算不算是愛。」

感情和愛是沒有矛盾，可以並存的內在體驗。

愛是一種由感情出發，可以轉化成強大力量的能量。

感情是愛的第一步，它的終站卻不一定是愛。

感情是脆弱的，夾雜太多慾望和心癮，太多愛戀關係只停留在感情關係瓜葛的層次便完結，還沒有機會踏進更高層次的愛便已關門，這是很可惜的。

但感情可能是愛必經之門（除非你出家修行），讓凡人通過此門檻步

向更大的愛、更大的生命能量，這一步，也許就是你的生命意義。

我們沒有需要一步登天，可以先從最基層的感情出發，感受激情、依戀、愛慾等，這些都是有價值的、可以很美麗的情感狀態。

感情本身是延續和滋養生命的最大支柱，凡人修很多世一點一滴建築的路。假如我們可以放下自我，簡單地活在仁愛的溫度裡，我們可以品嘗到感情的甘美，然後步向更大的愛的境界。

對很多人而言，生命最重要的，其實可能只是擁有最平凡但溫度恰好的家人、可以擁抱著所愛的人的緣份，和對眾生及地球的慈悲。

愛，親近但遙遠，一生中能有幸擁抱值得愛的人、值得尊重的生命，已經是最大的福份。

不過在我們還沒有好好愛自己前，其他一切，都只是思想的晃子，所謂的愛，也可能不過是感情用事的結果。

愛就是修行。

愛情最終的功能，是回應一個最根本的存在問題：
人為甚麼要活著。

愛的喜悅沒有離開你，只要你願意接近它。

愛的本質是成長，終極是超越限制，朝向無限。

愛是個人的修行，借另一個人調校雙方的能量。

你得從愛中看穿和修理自己，才算沒有錯愛過。

愛是靈性自療的過程，
走歪了便是重複，走對路便是自由和解脫。

愛是一生修行的路，相愛時享受，相處時互相尊重，
即使沒有緣分走在一起，這份愛已一生一世。

愛是修出來的果實，掏盡感情的美麗感動，
需要時間和耐性，承擔和放下。

愛若沒有讓生命有所提升，便是白愛了。

愛最怕是退步，不是找不到答案。

愛情沒有福德一致的回報，正如人生一樣。

慣性麻木是愛的死穴。

不論愛過多少次，愛的本質都不應改變。

愛情的真相是甚麼呢？
就是在鏡中回照自己，
認清自己之後，學習放下。

高質素的愛能超越慾望、感性和道德，提升智慧和心性，
讓心靈更富裕，心更穩紮堅定，不再害怕孤獨。

戀愛本來便是去體味人生，肯定存在的意義，
在獨特的對方身上所投射的獨特慾望，
看清楚自己的限制、弱點和人性真面目，
從中學習成長，體驗來訪此生的意義，
也從付出的過程中，學習自我進步和感恩。

愛情最重要的意義，
在通過與對方相處修行自己，讓自己成長。

真正的愛是雙方心智上的進步。

愛是步向成熟的智慧旅程，不做逃避長大的稚童。

強壯的人才有力氣投入愛，只想掏取被愛感覺，
或者借愛情逃避生命的人，沒有能力看透、體驗和享受愛。

不要勉強，不要強求，愛必須心安理得，顧己及人。

能夠感謝，便能包容情侶間一切的恨，愛才真正體現在心裡，
才有資格說一句我曾愛過，很深的愛過，知道幸福是甚麼。

當有緣去愛和被愛時，一定要全然接受和珍惜，
我們原來沒有能力承擔失去它的遺憾。

寬容，愛情最大的道行，未能做到，不算真正愛過。

愛不是目的，而是優化生命的過程。

愛並不在外邊，而是內在的聲音，
回音和訴求，提醒我們的需要和缺失。

愛是內在的能量變化活動，
也是自我調整、自我更新的活動。

愛從來在我們裡面。

凡人窮一生大抵就是為學習愛而來的。

愛自己，愛別人，愛不應愛的，愛應分愛的，
愛世界，愛地球，愛太空，愛宇宙，愛無限，
甚至純粹為愛「愛」的本身。
不愛的話，活不過去。

世上最富有的人是誰？不是神，不是富商，
而是心胸寬大平和的人。他們不會受傷害，
他們活在愛內。你也可以這樣。

信仰是人自我投射的產物，愛情也一樣。

愛是互相反照的明鏡。

我們無法靠自己一個人看透自己的一切，
但在愛情裡，因為有慾望、要求、幻想和執著，
我們的本性有機會原形畢露。愛情根本就是一面鏡。

我們都需要愛情，因為我們還未完美，看不透自己。

戀愛讓我們看透自己的盲目和軟弱，是脫胎換骨的起點。

愛情對象是誰並沒有絕對意義，
其功能只是反映你某些本性和能量狀態，
最明顯的是反映你的情緒狀態，
你在愛人面前最願意釋放自己的真面目，
有機會看到真正的自己。

對方只是反映你的內在問題，對方的問題可以影響你，
但關鍵還是你為何會被影響，你缺失了甚麼而心亂，能量被干擾？
他的問題，最終還是反映你的問題。先處理自己的問題。

愛人是反照我們內在缺失的一面鏡子，
所有的緣分都是反映我們生命的鏡子。

借愛人反照自己，面對自己，了解自己，
袒露自己的優點和弱點，看到成長、進步的空間，
明白生命的意義，學習適應跟最愛的人生離死別，
正是修養自己，提升生命的機緣。
愛，就是這個意思。

用心去愛一個人很不容易，需要花很多能量，
同時要花更多能量去管理與生俱來或
文化導生的諸多慾望，才能養活愛，
今愛變得深刻，不怕分離。

口說愛你多麼容易，以為有能力付出愛，
對自己的愛很有信心也不難，
但真正能感染正面強大的愛卻非常困難，
那是修行的路。

愛是感恩的禮物，借伴侶反照自己。

你的另一半原就是你自己。

你失落了的另一半，並不需要向外找，
而是要向內找。

戀愛的對象即使已改變，
但愛沒有跑掉，愛還在。

人在乾涸的感情世界裡容易墮入一廂情願的幻想中。

世上沒有關係是百份百不變的，相反，
真正一成不變的關係，也未見得是好事。

愛的體驗每刻都在自我更生，
我們不需尋求理解一個叫恒久的愛的東西。
愛在變，世態在變，你我得每刻更生，
不然無法適應變幻無常的愛情。

人要面對愛，得先接受無常和變幻，
知道養活愛得靠自我提升和進步。

世界上沒有完美的關係，
假如感情一開始是真摯的，已經是很好的緣分。

現實總是比幸福距離遠一點，
愛的意義就是把那個空隙填上。

愛，不為甚麼的存在著。

活著是為了體驗愛。

最好的關係，
也有可能走到緣分的盡頭，
這裡沒有道理可言。

歲月才是最真實，關係可以很單薄。

愛真的夠堅定和深度，不須靠制度去保管，
天地還在已經足夠。

愛沒有技巧，進去就是了。

人緣萍水相逢，少暗算目的，才容易建立真感情。

談戀愛並不等同已經擁有愛，戀愛要慢慢培育，
少心急多用心，上路便是了。

愛不是理性盤算的對錯或感情用事的結果，
只能打開心眼看清楚自己的盲點。

愛這個字，不同時候可以有不同的詮釋，
愛與恨的所有理由，都是自編自導的戲。

兩個人走在一起，
是好是壞也許是命中註定的業障，
但其實更多是你選擇的結果。

經歷就是愛的厚度和層次，毋須任何意義。

愛不靠認知，需要經歷和修養。

愛情是美好的，當你可以成熟處理和享受的話，

結果並非最重要。

緣分沒有眼睛，只有出場時間表，

安排愛人按時按序進進出出，不得異議。

愛永遠是大方呈現和分享。

愛的來源是我們的心，而非向外取求。

愛不在盡頭，而在路途上。
上路就是了。

愛是黑暗的曙光，沒有悲觀的必要。
世界已有太多不幸，
我們還要借愛的力量製造更多的不幸的話，
實在浪費了愛。

愛情很重要。
戀愛教我們如何通過能量的交流達至仁愛的境界，
讓生命加添色彩和溫情。

對於愛，

你無法勾畫出一個清晰的影像，

但卻有很多感覺和幻想，

只是，

這些感覺很複雜，

愛恨喜惡同時出現，

令你無法確定愛的具體。

沒有人需要一張愛的check list才能投入愛。

沒有人有資格和能力界定愛是甚麼，

但相信愛又被感染的人有很多，

因為愛是信念，讓人活得下去。

只要有愛，沒有甚麼需要被否定。愛自會處理之。

愛情最叫人享受的感覺，
大概來自剖白前的忐忑不安。
未發生的，永遠最誘人迷惑。
這麼在猜疑與剖白之間一段小小的距離，
才是愛情叫人最瘋狂的小秘密。

能不能將愛轉化為性高潮一樣，
留不住，記不來，
甚至無法被整全地記錄，
卻可以刻骨銘心，一世受用呢？

每個人都希望得到愛、體驗愛，

可是失去「愛」的能量，最終只能談「情」而已。

所謂談情說愛就是這個意思：

愛，只能淪為說出口的情感(emotion)表態和渴求。

感情(sentiment)是情感表現的一種，不等同愛。

感情跟愛是有分別的。

愛最難，大概是收放與取捨的智慧。

愛能有那麼強大的正能量，吊詭地同時也擁有強大破壞力，

於是，愛的背面就是恨，享受的另一面是折磨，

付出的同時是佔有。這是陰陽二氣互動的結果。

能看穿愛的流向，能平衡和平靜自己的心，才能真正深愛。

愛一個人，是體現自己有沒有能力抓緊幸福的機遇，
因為人與人之間聚散有時卻無期。

愛自己，愛生命，愛世界，是愛情的根。

戀愛中不一定有幸能適時了解和被了解，
更重要是能包容彼此的步伐，接受各自現在和將來的變化，
願意良善地一起走，互相關愛。

面對暫時沒緣分和諧相處的愛人，別著意耗損心力為愛解釋或努力，
反而應保存愛的能量，先愛惜自己，珍重自己，
愛的信仰便不會丟，也不怕失去。

愛最大的障礙不是真假對錯，不是受盡傷害，
不是無法被了解或體諒，不是真命天子出現無期，
而是在投入愛的過程中，無法接受自己同時暴露的軟弱，
在無常中無助不安，在焦慮和貪慾中難以平衡情緒，
安慰難以揮去的孤獨感，結果自製絕望和恐懼，失去對愛的信念。

愛需要成熟地營運和栽培，承擔責任，
這責任是為保護愛，不是道德。

緣分在，彼此能量合得來，便一起好好走一段，
珍惜擁有時的幸福，準備離開時的適應，
和再上路的力量。

女
男

為甚麼他這樣對我

感情困局中，疑似受傷的一方總愛問：「為甚麼他這樣對我？」

更原始的問題其實是：為甚麼他這樣對他自己。

他所做的所說的，或不做的不說的，總有因由，即使那因由是不近人情，絕對自私，或者不能自己，也是他的過活方式，在他的限制中的選擇取向。

他為甚麼要這樣過活，這樣做人，對待自己的生命，處理自己和別人的關係，本來便須要向他自己交代，反省到底有沒有更妥當的方法和選擇？自己到底應如何活得好一點，和別人更好地相處？

每個人決定做任何事情，都要承擔責任，但更多時候，可是力不從心，身不由己，所想的跟所能做的是兩碼子事，雖不一定是存心搗壞事，但事與願違也是人生常態。

簡單的說，他為甚麼這樣對你，並不一定出於他的意願，只是他的能力有限，不能盡善盡美，滿足你的同時也讓他更好過而已。

人緣上太多無法解釋的矛盾，每個人最終只能誠實面對自己的生命，體諒一切不如意的發生。

每個人都有限制。

當我們不滿別人如何對待自己時，也可想想這箇中無奈的現實和道理，接受一切，可原諒的原諒，該放下的放下，給自己的心情自由的天空。

把心緒堵塞在別人生命的誤差上埋怨、不忿、要求解釋、平反你的不安，除了痛苦，不會為你帶來正面得著。

讓不完美的人事存在，向更美好的願景張看。

陰陽本質是為互相包容，協調生命能量，
而非服務彼此思想裡塑造的那個男人和女人。

女人只能改變自己，不是男人。

太多女人放不下感情的執著，
以為死執一個不容別人分享的身體便是最大的感情勝仗，
這是愚昧的想法。

男女都貪，沒有誰比誰更花心。

脆弱沒有專利，男女都必須堅強，才有愛的能力。

男人不自覺貪性，女人不自覺貪情，
結果發明了愛情。

男人的終極慾望是性交和陰性的包容，
女人的終極慾望是愛戀和剛陽的倚靠。

女人總希望把男人神聖化，
男人卻總愛把女人肉體化。

女人以為可以在男人身上得到愛，
男人以為在女人身上得到性。
結果男人贏了，因為得到性遠比得到愛容易。

男人的生理還未進化，
女人卻有心靈條件追求更大的福樂，
只要你懂得欣賞自己，向前看，別退步。

男人覺得需要保護弱性女人的性別使命，可以是逞強的病態。

男性最大的心理障礙，是男性霸權文化賦予他們的面子問題。

女人因天生肩負生育和撫育的責任，
早已發展愛的本能，方便孕育和承擔，
所以女人的生命不是全然為自己。
於是，付出愛的女人需要補充很多愛。

女人傾向過分努力費盡心神地付出，
容易不自覺因沉溺、上癮而自虐，製造壓迫感；
男人傾向過分懶散或理性地處理感情關係，
對不能理解的感情需要無法投入和花心思。

衝著母性的關懷和愛心，
希望愛一個不快樂的男人，
是女人濫情的病態。

女人別為了修補男人的殘缺傷害自己的幸福、尊嚴和健康。

面對男人的軟弱，女人毋須背負他，
扮演偉大的角色，只怕你也承擔不起。

付出了，對方無面子領受，
需要找個弱者平衡自己的話，
也是他的選擇，兩性權力關係的現實。

男人別讓女人不停為自己付出，
因為所有感情能量的交流，
最終得由自己承擔。

女人總以為擁有無限能量，
可以溶化這個世界的恨，
這種為全人類犧牲的超級母性想法，
其實是性別文化長久以來的副產物，
叫女性承擔世界的運轉，
用所謂愛、包容、寬恕等看來不俗的字眼，
令女性忍耐和付出。原來，大家都在自欺欺人。

女人花一生去守候和期待，
男人花一生去許諾和忘懷。

男人不想記起，女人不忍遺忘。

最叫女人傷痛的，
當中可能55％是無了期苦等男人兑現自己的承諾，
45％是女人一廂情願的愛情幻象沒實現。

女人希望和男人活得幸福，條件是感情深厚，經濟無憂。
男人希望和女人活得幸福，條件是經濟無憂，享受自由。
於是，女人為感情為財富為安全感壓抑性享受，
不懂釋放彼此的自由，男人為財富和性享受，
被道德管得太緊，卻管不妥性和愛。
最終，無能的男人自卑又自大，強壯的女人自怨又自艾。

女人要是肯豁出去，都比男人走得遠走得狠。

女性的自我價值，從來不需由男人賦予。

傳統上修行的都是男人，因為他們缺乏纖細的感性和愛。
女人不用問理由便去愛，麻木得可以，力量卻很強大。

女人對感情的敏感，可以說是細膩，
也可以說是無中生有。

是社會對女性太過壓抑，致令女人在男女關係上無法從容自處，
被迫活在道德的陰影裡，身不由己，不能自已。

希望把男人據為己有，是女人在愛情中最大也最暴力的秘密慾望。
她們懂得把佔有慾轉化為一個偉大的字：愛。
於是，女人永遠可愛，永遠是受害者。

希望和很多女人只有性關係的慾望和生理本能，
是男人最大也最無助的秘密慾望，
只能轉化為權力和名利的追求。
於是，男人永遠具侵略性，永遠是傷害者。

多少受傷的男人，
因為努力想了解不可理喻的女人而獨自憔悴，
女人又何曾知道？

女人經常在認為被傷害的同時，
也在刻意或非刻意地傷害別人，製造受害者，
兩個人受傷比一個人受傷好過一點，
借女性獨有的軟弱和方便，假裝無辜掏空男人。

男人不要故意去理解女人，
女人也不要故意去理解男人，
不要篤信男人從哪顆星來，
女人從哪顆星來的坊間神話。
說到底，男和女都從同一地方來：女人的子宮。

男人應該學習變成一個子宮，學習她的包容。

男女在溝通上有很大的鴻溝，
雙方只能用心嘗試進一步溝通，
學會透視對方的心，先關懷對方的感受，
而非返回理論或猜疑，計算誰是誰非。

男女有很多溝通上的誤會和矛盾，
原因是彼此對語言的製作目的、
後期處理和生效日期的準則大不同。

明白自己和對方的性別強項及缺點，
感情關係才能成熟。

男人的溝通基礎是當下的意願，
盡快解決問題離開對話和關係。
女人的溝通基礎是製造永恆感覺、意義和記憶，
盡量延長對話和關係。

女人永遠無法明白，
男人愛理不理和優柔寡斷的存活方式自有他的道理。

男人永遠無法理解，
女人生死攸關地執著身軀和愛情，
也有她世襲承受的壓力和需要。

男人的思維是線性的，不會轉彎抹角，
女人的思維是網路式的，很多枝節，容易混亂，
沒有人（包括她自己）能理解，追蹤來龍去脈。
人總比自己想像的武斷，
應多用心了解對方，別妄下道德判斷。

女人需要的不是男人不合時宜的分析或意見，
而是被關注她當下的感受，
像孩子哭喊不一定表達傷心，
其實只想引你注意，提醒你已忽略了她。

當女人轉彎抹角時，你應知道她在等你肯定她，
可能正是你過分自我中心傷害了她，
讓她感到不受關注需要自我保護，
所以才不敢直接表露自己。

先沉默，運用身體語言如擁抱和愛撫給她肯定，
遠比你跟她理論和説道理能更快地讓她平靜下來，
然後再跟她好好溝通，問題才容易顯現。

溝通並不必然等同可以對話和理解。

對話是假的，只是獨白的變相。

每句話都有限期，而限期不在時間，在情感的極限。

修補關係的原則是可以談的便談，
不能談的不要勉強，也不能執著。

假如無法把話説清楚，便要依靠別的途徑。
溝通的重點不在語言，而在心，
可惜用心溝通是現代人最殘缺的能力。

溝通應該像流水一樣，不能隔著沙石，
不然會翻起波瀾，即使水還是繼續向前流，
卻不一定到彼岸。

感情的交流只適合細膩和深層的方式，
心有溪水的溫柔和海洋的澎湃多重層次，
擅長傳情達意，觸動心靈。

水磨的力量，能平滑堅硬的石頭。
學習開發心語和愛人關愛地溝通，遠勝千言萬語。

愛女人是一種藝術成就，
也是男人學習打開情感禁區的自我修行。

每個人都有兩個性別的特質，
那是男人的女性本質，和女人的男性本質。
我們只是在鼓勵單向發展的文化習染過程中，
慣性將單一的性別張揚、放大，
在性別角色上努力地做很多功夫，
讓自己變得更像一個稱職的男人或女人而已，
卻忘記了潛藏的另一個性向，
那個令生命更整合的內在異性。
我們粗心地失去了隱性的「另一半」，
眼前全是一大堆男女是非關係，
你不明白我，我不理解你，
卻無法停止愛恨糾纏，錯過許多青春歲月。

當男人活出他的女性，女人活出她的男性，
從了解異性的執著中，返回自我了解的原始性，
我們才夠成熟處理男女間的愛。

兩個人兩個世界，婚姻只是一張紙。

每個性別都有它的死穴，每份感情都不能強求專利，
這可能並不是每個人的意願，
但起碼是每個人要面對的感情現實。

重整自己的身分，尋回失落的自尊與自由，
才是女人最光榮的面貌。

男人説愛你並不等同懂得保護你，了解你的心。
説到底，護心使者的責任，還是應由女人靠自強自愛來承擔。

女人不老的秘訣，是獨立自主，自我開發。
能做得到，便不怕老，不怕醜，更不怕死，快樂像神仙。

學習成熟地處理感情問題，
尊重他人，照顧別人的感受。

不要一直埋怨別人不理解自己，
因為別人同時也認為我們不了解他，
在大家都希望對方為自己改變時，爭執便會發生。

口不對心，心不對腦，
是很多女人的感情問題真相。

女人需要的是有能力愛女人的男人，
而不是借女人安慰自己的男人。

女人需要為自己儲蓄多一點正能量才有力量愛，
別再為其他人，尤其是表面需要你的人虛耗自己。

性能量

調情

男友喜歡向其他女人短訊調情，互稱老公老婆。被女友發現後自辯不過是文字遊戲而已，不是認真的。

女友對他失去信任，覺得他遲早會受不住誘惑和其他女人搞上。

男友覺得只是玩玩而已，心裡沒有想過背叛女友就行了。

女友覺得是天大問題，想到是否要放棄和分手。

男友覺得只是小問題，無須小題大做。

說是文字遊戲是真的，但玩出火的危機也是蠻大的。女人憂慮男人好玩是可以理解的，覺得不只是文字遊戲也有理由。說白了，這種遊戲的背後並不純粹，它附帶了性挑逗、性幻想、性貪婪、性打獵和性虛榮的隱藏意識，超越了一般交際的言行。

調情的背後不只為打發時間，而是放野獵取貪慾和被挑逗的快感與虛榮，是會上癮的，容易過火，把持不定。

調情遊戲適可而止，作為開場白不壞，兩句以上持續下去便有縱慾的危機。

人不是神，別太篤信自己的定力，也別要求伴侶信任你連自己也無法維持的定力。

別自辯你是開放的，伴侶也可以和其他異性調情。將心比心，同樣的事發生在伴侶身上，看到伴侶和你一起時還含情顧著發短訊給另一個異性說掛住他、傻豬、錫錫時，你心裡是毫無感覺還是心感不安？伴侶一句不過是文字遊戲時，你覺得被尊重嗎？

尊重伴侶的感受，管好自己的慾望，才有資格叫伴侶別亂想，要信任你。

最深層次的性，是帶著最深度的愛。

性可以是治療，同樣可以製造更深的傷口。

性你的愛，愛你的性，不執著性愛二分，
當禮物一樣送給自己和愛人，人生已經足夠。

性是愛的表達方式，不應是被利用來滿足一己私慾的工具。

性能量能補給我們的不足。
尋找另一半，跟對方性交合，
是增強性能量，豐富人生意義的方法之一。

性能量很重要，其重點不是做愛，而是創造性（Creativity）。

身體蘊藏無窮創造力，

而性愛是最容易獲得震撼體驗的身體狀態之一。

尊重和愛護你的性愛，不要否定或放棄，

了解自己的性需要和性能量狀態，

學習釋放和包容，從中提取生命的樂趣和力量。

性能量是我們最核心的動力，能影響我們決定甚麼，如何行動。

性能量具備強大的推動力，是人往往忽略的既有重要能量。

性是流動的能量，
它只是一股能量，沒有裝上眼睛。
觀照和掌握它，能把它轉化成平衡的力量。

不少女性對性的渴求很大，卻不懂得釋放，
也不知道原來應該釋放和承認，
一旦找到開發自己能量的泉源，
生命的花才會盛放。

千年的修行方式如道家、印度的譚崔(tantra)等，
都以開發性能量為提升靈性修為的重要入口，
能開啟生命的靈眼。

性是人最具愛和生命力的能量寶庫，
也是提升和諧愛侶關係的重要門檻，
兩個人由心出發交換性能量能振奮精神，
活得更有衝勁和動力。
這是性在婚姻和感情生活上可發揮的強大影響力。

性是尊貴的能量，不要為只懂榨取的人付出，剝削性能量。

能給予強大能量，令人回復青春感覺的性愛，
在乎雙方對開放身體和靈性交流的認同與合作程度。

能提升性能量的性愛，本身便是青春的保證。

女人應返回自身發現性原動力，找到做愛的樂趣，
從性愛中提升性能量，體驗更大的愛。

性刻意不來，讓性能量慢慢修補自己。

性和生命都是宇宙的恩賜，
本來無一物，也不要太執著來來去去。

為甚麼總要將性和愛二分呢？
當它們是一致的時候，它們是不能分開的。
當它們是分開時，沒有人能把它們合上。
這就是很多男女關係的現實，不管他們是甚麼關係。

對性的嚮往是天性，這不只是男性的特質，也是女性獨有的天分。

女性擁有很纖細和敏感的性慾念，卻鮮被她們覺知。

身體懂得提示我們現在的精神能量狀態，
性慾驛動了，表示我們內在還有澎湃的能量，
沒有理由妄自菲薄，自我否定；
性慾低潮時，甚至只將性關係化，
變成維繫二人的公式動作時，表示業已喪失了生趣，
可以是很嚴重的警號，提示自己已活得行屍走肉，沒有意義了。
是時候重拾活力，改善關係，
不然，危機已經降臨。

身體是我們最大的籌碼，讓我們享受生命，享受性和愛。

女性要好好照顧自己，了解自己才有籌碼享受性和愛。

愛惜身體，尊重身體，
才有資格要求做愛。

純粹借年輕的身體享受性的快樂沒甚麼不可，
但性和青春，卻不是必然的最佳拍檔。

官能刺激以外，性愛最神聖的地方，
是和身體靠近，和人靠近的微妙關係。

優質的性愛能超越生命，其本身便是永恆的入口。

性經驗不愉快的人，太多都只在思想做愛，
忘記用身體感受，純粹讓開放的身體交流彼此的能量。

摒棄用思想做愛，才是我們應該細意追尋的性愛終極意義。

不要計較先付出無私的性和愛，只要是真誠的付出，
必定賺回悅樂和自信，毋須否定自己或誰人的身體。

愛情和性愛關係的核心是：
沒有誰擁有誰，性不是擁有。

兩人真心相愛過，
經歷過水乳交融的性愛，
感受過性高潮時雙方給予對方的神聖力量，
這段關係，已經足夠。

愛在當下便應完成自己，
像性在每個當下完成獨一無二、
不能回頭再來的獨特體驗一樣，
我們每次能順利完成它都應該慶幸和感謝。

性愛最重要的一刻是餘溫。

兩性都需要打開對性和身體的盲點，
開放身體，多認識和欣賞對方，
加強性愛的溝通，做愛才有多一重意義。

保持美麗的真正秘密不是化妝品，不是美容療程，
更不是天后女星推捧得愈來愈浮誇的護膚品，
而是快樂，自信和自如的性與愛。

女人若能繞過道德的門檻，聽從純粹自然的喚召，
按照自己的步伐走進性愛的國度裡，
將切實感受性愛的真正樂趣，
喜獲性愛給予的強大生命能量。

女人需要反觀自己的性史，
發掘潛藏的性能量，揚眉自負。

面對性時，不再執著誰負了誰，
誰是誰非，誰升天堂誰落地獄，
甚至誰最政治正確，對性最開放。
重要的是，體察彼此的需要和感受。

女性能夠豁出一步，反觀自己的性史，
赤裸面對自己的性經驗和情慾感覺，
原是最正面不過的自愛方式。

女性性解放的高潮不在爭取性權，
而在性趣的追尋與肯定，
走出歷史和文化的框框，
自由得叫生命容光煥發。

女性在性面前不敢婉拒，要求和表白，
不但是未能承擔性，也沒機會讓對方了解你的性態度。
女性在表白性態度上，應該負上責任。

做愛做的事，女性要管理好自己的性愛，
才能活出應有的自信和快樂。

女人的心比腦袋開發得多，所以女人愛閉目去做愛，
用耳朵聆聽性氣流，性愛世界多了聆聽和沉醉。

關係中最悲哀的莫如失掉感覺，
沒愛沒恨沒笑沒淚的純身體磨擦，
自然也得不到神聖得可以的性愛快樂。

借年輕的身體攝取青春的性能量，並不等同得到永恒。
就像塗化妝品，最終也沒有永恒青春的保證。

我們可以無限欣賞青春的身體，卻不能借用。

我們要懂得從負面的性經驗中抽身出來，
肯定和保護自己的身體，
提升自己對被性伴侶不尊重和傷害的免疫能力。

自虐的人都享受痛，自虐的性更加需要痛。

由心癮勾起的性能量，若沒有足夠的愛去支持，
容易從高處反彈跌得更傷，容易變得更空虛，流失更多能量。

性生活不協調，影響感情關係，
是現代人最不敢面對，又最無力自助求醫的感情死結。
關鍵卻只是肯不肯開口，想不想解決。

女人一廂情願以為愛比性更重要，
男人妄自尊大認為問題不可能在他那裡。
結果同床異夢，分歧加深，到最後出現第三者，
因性之名而分手感到難以過去，以道德自責和譴責收場，
無辜否定關係也否定自我價值。

性生活得不到滿足，應該及早處理，坦誠相對。
諷刺的是赤體相對原來遠比豁開內心更容易更自然。

大膽性愛言論掛在嘴邊，將性行為放在操控的暴力窩囊裡，
以為這樣才能掌握自己，控制別人，
卻不知道這只是將性和兩性關係概念化，
將伴侶淪為情慾發洩的工具，那並不是真正的性愛。

以性愛作關係的墓碑是玩火的嘗試，容易自焚，
更糟的是，陪葬的可不只一個人。

性壓抑是要釋放的，不過釋放要得其法合其所，
不然反而徒添更大的痛苦，淪為自我否定。

任何一方在非自願情況下跟伴侶做愛，
其性能量只會被掏盡，壓抑，甚至摧毀。

慾望

你的慾望是甚麼

知道自己的慾望，便知道自己最大的限制是甚麼。

人最難改變的是性格，但可能更難改變的，是面對慾望時能不被它影響的人性脆弱。

去過賭場的話，不難親眼目睹人在慾望的操控下盲目迷失自己的局面。

再明顯不過的理虧是，你能在短短一分鐘內輸掉你的所有，就在你的一個決定上：買大還是買小，投下籌碼還是收回貪念。而這決定看似理性，但其實只是慾望在改造你、催眠你。再有定力、再堅強的你，在博彩的貪婪心態下，都難倖免，做定慾望的奴隸。

賭徒心態到底是甚麼？就是以為憑主觀意願甚至誤以為是冷靜的智慧，可以改變命運。但局一開始就是騙局，騙取你矛盾的理性盲點。

又譬如色慾。

沒機會看到誘惑的話你可會平靜一點，一旦能方便地接觸色情影像或挑逗時，你的心再定，道行再高，也會一下子崩潰，滿腦子充塞著裸體和性挑逗的表情，教你不顧一切忘形地追求，難掩獸性本能。

再有學養、自覺男女平等、尊重兩性的人，都會在慾望蠢動的一刻，視對方為性工具，性器官就是真理，變成床上原形畢露的偽君子。

不要退到禁慾的想法上，不，所有要禁的都不會是治本的方案。

你只能觀照自己，看到自己的弱點或限制，然後尋找定心和培養定力的方法。

能修煉到哪個境界，沒有道德標準，要用自己的一生去體驗和承擔。

慾望是天性，可以自控，轉化能量，在乎覺知。

愛中有情慾，不用否定或縱容，
上天給你的都有價，在乎你如何運用安置它。
別費勁否定慾望，它無可無不可，問題在你自己的內心。

我們願意去接近一個人，和對方發生親密關係，
是付出和接受，尊重和分享的關係，
不只是色情或慾望。

情慾面前，兩性是沒有分別的。

縱慾能干擾愛的能量和觀照能力。
你將無法付出，無力去愛，卻須依賴別人對你的包容和遷就。

縱慾令你變成愛的強盜、無賴或乞丐，失去尊嚴。
你還要自大、自辯、自我保護的話，將令愛你的人更難受，
你也走到能量便秘的絕路。

假若你所追求的東西本身沒有內涵，只是輕浮的肉慾滿足，
它不會令你的心定下來，所以即使得到了很多，
還是會感到缺失，不足夠，焦慮難受。

沒有一個縱慾的人能得到真心的滿足和快樂。

慾望可以抒發，並不等於應暴發。

縱慾容易沉溺成癮，助長和迷失自我。

縱慾令你不斷耗損能量，需要吮吸別人的能量，
你將忘形索求，難以付出。

愛你的人即使留守在你身邊甚麼也不做，
情感上已感到很疲累，要忍受無法滿足你，沒甚麼可做的孤苦。
你將無可避免傷害或剝削為你付出或愛你的人。
因為縱慾，因為懦弱，你已失去靈魂。

不要先否定慾望，亂蓋上道德的罪名。
誘惑是很難自控的慾望，跟性的本身無關。

若不能理性地平衡關係，性慾便容易變得活躍。
這是一個警號：是時候開發潛藏的能量，
釋放長久的內在壓抑，抓緊一個穩定的自己。
裸體可以撩起性慾，但不應是最後的誘惑。

對身體有慾望是男女的本性，
男人發洩出來，是男性文化，
也是自然生理反應，並不是罪。

如何在慾望發洩過後醒來時面對對方的眼睛，
善待自己和對方的心靈和身體，才是彼此真正面對關係的關頭。

慾望的能量若是淺薄，滿足後會感到失落。
問題的關鍵，在於你是否能找到深刻的滿足。

當你得到一個人的愛或性後，感覺很快淡化，
容易厭悶，嫌棄對方，那是很可悲和膚淺的慾望行為。
你已物化了對方，也物化了愛和性，忘記尊重。

你的愛和性變得蒼白淺薄，失去能量。

性愛在彼此享受和付出的情況下奉獻才有價值，
單方面的私慾只會造成另一方的身心傷害。

好好面對性慾的啟示，照顧自己的性心理，
靜下來，重新整合和接受自己，
和潛意識正面溝通，便不會迷亂。

上床是容易的，落床卻可以很難受。

性而後悔還要繼續性下去，便是到了有必要尋求治療的處境。
網上淫樂，色情電話跟禁慾主義一脈相承，
借來逃避有血有肉有溫度的人，
變成不懂得如何好好抓緊另一個身體的性虛弱。
這就是科技世代讓人愈來愈性無能的悲哀。

不要小看性慾念對我們的暗示。

肉體上的性刺激容易撩起也容易凋謝，容易上癮卻難於滿足。

迷失在肉體的性只能「淫」浮於事，高潮一樣飄瞥難留。

若從眾多性伴侶身上找到的不是對方的特質，
而是屬於舊愛的遺痕，
那麼每次的親密接觸，跟塗香水差不多。
香水終歸是香水，香氣很快會消退，
剩下的依戀只不過是對香氣的記憶罷了！

單向地只為送上身體，或者只為利用身體達到性滿足的話，
不論施者還是受者，事後只會更加空虛。

人一旦相信了某種外在的力量，會死心不息，
像宗教像賭博像偷窺一樣，
慾望只會愈加澎湃，愈加喪毀理性。

能量下跌，感覺也會淡化，
慾望的形成也是因為能量減低，
導致感情失控和慾望放縱。

是執著和佔有慾破壞了原來很純粹很美好的愛情關係。

愛情讓我們藉著面對慾望和利益衝突，
彰顯自己的真面目，看清楚自己。

愛情裡沒有純潔無瑕的聖人，
因為我們都不過是滿身慾望和限制的平凡人。

真愛是超越個人慾望的，
當你愛到不只為滿足自己，
當你愛到不只為你自己一個人而活，
當你不再執著一個人活或兩個人活的異同時，
這份愛是神聖的，是真摯的愛。

要覺知所謂愛其實是為滿足自己某些缺失，某種不足，
便明白所謂愛情不過是慾望。

我們沒有否定慾望的必要，正面運用慾望的能量，
你會變得更積極和富創造力。
其相反可以很毀滅性，這點你是知道的。

沒有慾望的人跟死魚沒分別，但縱慾的人卻跟野獸沒分別。

可是，人應該可以比死魚和野獸更高級。

你需要的不是去除慾望，而是找一個平亂的定點，

覺知它，接受它，轉化它，不留判斷，你將不再被干擾，

反而能有效將慾望循環轉化為滋潤生命的能量，孕育愛的有機動能。

錯愛

為別人虛耗自己

她是個生活淩亂的人，自我管理十分差勁，卻會費精力照顧愛人和朋友，替他們解決問題，改善財政。反觀自己，作息混亂，對錢沒概念，關心別人忽略自己，把自己的身體、精神和生活都搞垮了。看上去是個亂七八糟的人，怎有能力幫助別人，改善別人的生活呢？實在是天大的笑話。

原來很多人尤其是女人，都喜歡照顧別人，忘記整理自己。這是過分母性的後遺症，是先天也是後天對付出過敏和過分熱衷的結果。

付出是美德，可惜太容易被濫用，變成錯配能量、浪費精力、虛耗自己的藉口。

為別人虛耗自己到底有何吸引力？

原來掛上「為別人」的名牌，便可以更放肆地放縱，為潛意識裡不想處理、正視、整理自己的問題找上佳的藉口。

為別人給自己和別人製造無私、捨己的良好道德印象，為別人著想，做好人，奉獻自己，看上去多偉大，原來，我們利用了偉大的道德，掩飾不想、無法、不懂管理自己的低能。

世上沒有完美的人，一個好人需要擁有基本的條件，就是先懂得管理好自己的日常作息，擁有強壯健康的正能量，先搞定自己，才能向別人分享愛，分享心靈和物質財富。

為別人，幫助人，奉獻自己是很大的誘惑，藉此感到自己被需要，有價值，替人生找意義。這是誤會。

管好自己的生命，永遠比整理別人的生命更有意義，建樹更大。

我們天生需要愛，卻未必曉得如何愛，應愛誰。

大部份人都未有能力去愛，
只想找個能讓自己製造去愛和被愛感覺的對象而已，
根本不懂得處理愛這回事，最終難怪剩下傷害和怨懟。

大部份的愛都是脆弱的，不是因為愛得太深，
反而是相反，或者太貪心。

在愛面前，所有承諾、誓言、甜言蜜語都嫌太虛弱。

感情用事很容易，堅定地愛卻很難。

關係是假的，愛是真的。

人愈需要情感的慰藉，愈怕被情感欺騙。

對愛缺乏自信的人，很難相信別人，

疑心亦分外大，關係也因而劃上句號。

酒後興起的感情是真的，

清醒落寞的感情也是真的。

互相依偎的工作關係是真的，

彼此無芥蒂交換思想感受也是真的，

但，這些並非必然是理想戀愛的種子。

假如愛只是從自我中心出發，那很多時候都只是一種假象，
一種由自己虛構出來的感覺，和諸多要求的關係。
我們都喜歡做愛情的建築師，卻忘記了住客的感受和真正需要。

很多人錯過了愛，不是因為愛不在了，
而是不知道如何抓住它而已。

我們容易借愛人的存在，養活一個不想失去的愛的信念，
藉此以為可以擁有永恆的愛，締造生命的永恆。

人需要戀愛，大抵為滿足三種慾望或需要：

一是有需要付出愛，跟別人分享，

二是自我了解和修行，

三是逃避長大，借別人承擔自己的生命。

愛，要量力而為。

有心無力的愛，只是絕路。

愛要講心，講心卻要講力度，有心無力也只是空談。

大部份人都害怕面對自己，希望借愛的假象來逃避。

其實你愛誰，正好反映你的所需和缺失。

別做感情的乞丐，求知的奴隸，

認知別人的經驗不能成為你自己的體驗。

從已知的出發，出走，繼續尋找，開發自己。

要求、失望、埋怨，可憾都把愛悶死。

不靠承諾還可相愛的，愛才真正出現過。

愛是漫長的路，前後左右有很多方向，

容易停步或迷路，步不進則退。

原來單有愛是不夠的，愛侶要面對和接受挑戰的，
更多是如何去理解對方的需要和感受。
假如雙方對愛的信念不夠強壯的話，已足夠毀壞愛。

需要選擇的愛是假愛，你希望揀選的只是關係不是愛。
有選擇便有取捨，有取捨便有遺憾，有遺憾便有要求補足的慾望。

我們急於尋找另一半，只是因為太害怕孤獨一個人。

當愛深得無法承擔，觸動了存在最深的能量，
這是最好也是最壞的時刻，
進一步便瞥見真愛，退一步便殺死愛。

不要借身體進行思想道德祭祀審查，它才是感情最大的兇手。

愛到錯亂，就是害。

從舊愛中成長過來，
好好保留值得留戀的記憶，
也是愛情給人生的禮物。

愛情最恐怖的，便是將愛的能量轉化為恨。

你所想騙了你的心。

能戀愛是一場福氣一場孽。
我們相愛，但未必有能力承擔愛的全部重量。

不捨得又不修補是感情的脆弱。

所有的錯都是對方的，所有的不幸都是自己的。
瞧，你不只搗壞關係，也搗壞了自己。

愛情是神聖的，貪戀卻是心魔。

愛人的離去是要我們獨立去愛，愛得更紮實，不靠依戀，
而不是繼續迷失，活在死亡陰影裡。

失戀的人哭個斷腸，以為是為了那個傷害自己的人流淚，
卻不知道，原來潛意識和自己溝通，想教自己如何修補傷痕，
透過最容易打動自己的情緒表現提醒自己，和自己通話。

愛並不容易，愛的感覺也不可靠，
那是傳媒文化渲染出來的假象。

只有願意自愛的人，才知道自己到底有沒有錯愛，
是否活在愛之中。其他的，只是在愛的概念上兜圈轉而已。

檢查是否錯愛的方法是檢閱自己的能量，
和你身邊的人或你所愛的人的能量，是否從容和平靜。

問有沒有錯愛，首先要問自己有沒有愛到失去重心，
迷失自己，能量亂置，有心無力，虛弱地慈悲。

分手傷身，心力交瘁，
應懂得調理和修補，別再費神跟舊愛延續關係，
也別馬上尋找愛的替身亂搞新關係，流失更多心力。

失戀時變成自己以往最卑視的人，
做以往最不屑的事情，不是因為自己本來便是這樣醜陋，
只是因為一時失掉愛的力量，沒法平衡自己，
助長了分裂的自我中最不穩定、最希望越軌發洩的一面。

戀愛雙方都有責任保持情緒穩定，
別把負面情緒當作定情信物，最終害死愛。

愛情失敗的原因，不是因為愛得不夠，
可能是愛過了火，一廂情願，
卻沒有察覺對方的真正所需，白花了心機。

佔有、回報、要求、不甘、報復、詛咒，甚至勉強，
都是最痛苦的戀愛方式，最終受到傷害的，不只別人，也是自己。

愛要量力而為，適得其所，不然便是濫發感情，
慈母多敗兒，好心做壞事。

愛最怕一廂情願，自作多情。

貪得無厭不可能帶來美滿的愛情。能找到最完美的情人嗎？

別傻了，不如先了解自己的限制，別浪漫化感情關係。

轟烈的愛，並不一定需要以震撼的毀滅或激烈的暴力來體現。

別以為借放肆任性的行為可發洩和操控愛情，

其實只是徹頭徹尾不信任自己，不信任愛而已。

人是充滿變數的動物，你卻幻想有個永恒不變的匹配對象，

縫合你失落的另一半自己。這是思維上的謬誤。

愛是當大家相處很久，懂得互相體諒和付出後，
才會孕育出來的果實，在此以前的都談不上是愛，
那只是感情上、性別上、肉體上的慾念磨合過程而已，
甚至可以說是由自我中心演變而成的產品，
借另一個人滿足自己被接受、認同和奉承的感覺。

死守的愛最快消逝，瞞騙的愛不君子也嫌醜陋，
佔有的愛最暴力可恥，害怕失去的愛不可能有安全感。
來來去去，還是愛得不夠清廉自在，煩惱自尋。

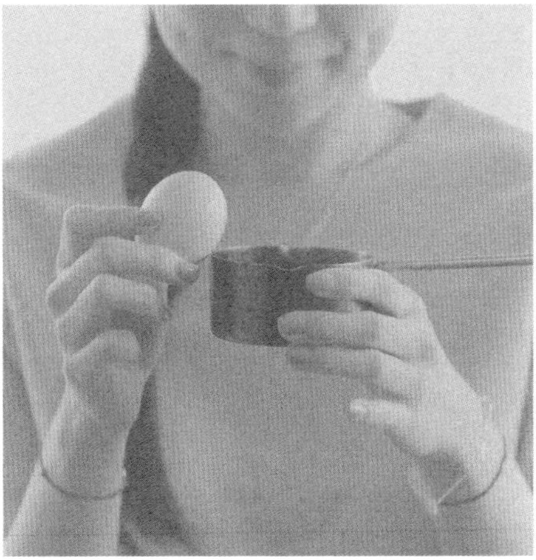

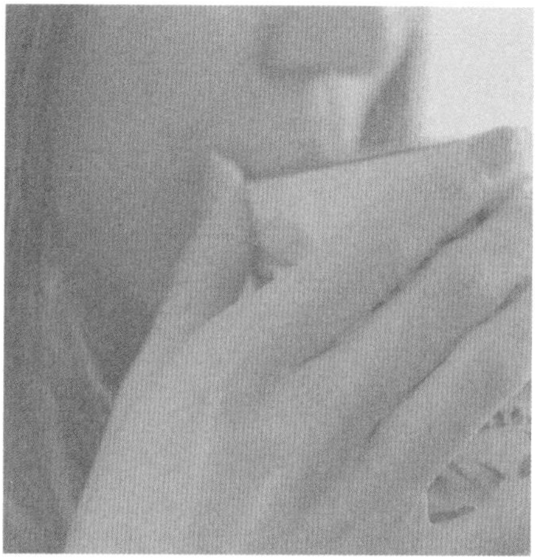

傷痛

創傷過後

生命可以很脆弱，在無常的軌跡上，再尊貴、再邪惡的生命都是一樣的。

可在愛的前提下，生命的平等性值得尊敬。平等心讓人變得謙虛、可敬。

惻忍之心讓人散發慈悲，讓人心發亮，雖然同樣的一顆心，可以頃刻分裂，變面無情。

愛是人性最後的救贖。而不認識的災民灑淚和奉獻是可敬的，但別流於短暫的集體情感發洩，做了好過一點，不做會說不過去。

更可敬的，是懂得對自己和近在身邊的人慈悲、愛。

借別人的災難，我們有幸感受同情共感、人性向善的激情體驗。

我們都不想白白離世，不希望災難再臨。很好，那我們要好好記住，希望災難不再，首先不要自製災難，尊重眼前人。

自然無情，但這不是它的錯。愛和結束是自然的軌跡，學習接受和達命，好好珍惜活著和共處的每刻，讓生死定律變得尊貴。

自然生滅給我們的不是傷害，而是更堅強的力量。

別害怕，能活著已是愛。

創傷過後須要自療。帶著沉重的心外出，需要一棵樹的擁抱。

公園裡漫天浮游的木棉花，我看到一個個亡魂飄向天國的美麗和安詳。俯首拾起奔走的小棉球，小小的種子，溫柔地告訴我請給我發芽的機會。

再大的毀滅，也不減自然萬物對生存的無邪渴求。身旁的小女孩在高興地叫「看，下雪了」，聲音穿透時空國界。

單純令生命無條件美麗，愛超越生死。

從來沒有命定的不幸，只有死不放手的執著。

痛苦從來活在腦袋裡。我們慣性張揚不幸，怕承認已有多幸福。

大部份的痛苦，都是不肯離場的結果。

痛苦的感覺是真的，理由卻是假的。

痛是好的，提醒自己距離愛和自由還有多遠。

人的痛苦，大部份時間不是被新痛刺傷，
而是翻閱舊記憶的慣性。

我們安心穿上受害者的衣裳，便永遠看不到愛的赤裸。

人最大的痛苦是放不下過去，
不論是快樂或痛苦，愛或恨。

人的痛苦，大半是沉溺於過去，不捨得放手，
無法重新開始，輸不起，失去孩童跌倒爬起來的勇氣。
所以孩子會長大，成人只能老去。

女人是天生的編劇，在愛中受盡委屈和傷痛才算曾經付出過，
轟轟烈烈地愛過，這是流行情歌、悲情小說和電影的毒害，
女人卻潛意識裡複製一式一樣的劇情，不理好醜，自招傷口。

你內在的慈悲有足夠的能量包容痛苦，
請信任身體能修補和轉化能量的神聖本能。
打開心胸和傷痛結合，你才不再執著痛，痛便會消失。

痛苦是真的，恐懼是真的，危機是真的，
慾望是真的，無助是真的，不被理解是真的，
他令你受苦是真的，你自作自受是真的……
但這一切的理由卻是假的。

受害者最大的傷口不是被傷害，而是不肯放下受害者角色，
寧願浸淫在痛苦和自憐的心理惰性中，
被負面思想侵佔理智和心胸。

我們表面追求甜蜜的愛，
潛意識卻錯認愛情應該很痛苦，追求戲劇性的激情。
可我告訴你，你若經歷過深刻的愛，
你會明白戲只是戲，寧願愛在平實中，靜靜地呼吸。

是我們愛得太浮淺，才妄求翻高浪，自製愛情災劫，
正因為你跟愛分裂了，要靠災難重逢愛。

人最大的心結，是只看到別人的錯，認同自己是受害者，
不幸的可憐人，卻看不透，
受害者往往是自害的，借別人的存在加害自己，
胡思亂想，活壞關係，不知所謂。

面對感情錯失的困局時，我們往往只把問題想到最差勁，
令事情變得複雜，令自己變成最不幸的受害者，
製造自己是世上最不幸的人的現實，然後把怨恨歸於對方，
這是自憐的陷阱，卻不是解決問題的方法。

愈是傷害自己的，愈能偷走自己的心，
令自己墮落，變成受害者。

這是女人在感情上難以承擔卻死命投下去的孽海。

大部份人的困惑和痛苦都是沒有覺知，
看不清自己，摸不透別人，以致迷亂不安。

迷戀過往的傷口是心癮，也是慣性的病態，

不要認同受傷的那個舊自己，

你每天都應該更新心情、想法，讓身心靈新陳代謝。

別借傷害自己的人事折磨自己，製造創傷記憶，

認定自己是受命運詛咒的人，永遠被遺棄，

最後也遺棄自己，自我放棄。

回憶是個大籠牢，鎖住自由，把思想推至死胡同。

記憶最怕壓抑，最需要被釋放。

愛是多麼狡猾，當下難看清楚。
過去了，變成回憶時候，又忽然變得很清楚，
起碼清楚地患得患失，或者清晰地糊塗。
還執著逝去的、虛弱的關係，不敢記起，未能忘記，未語淚先下。
回憶總是太沉重。

處理負面記憶，不在忘記或抗拒，而在正面地接受。
讓它來去自由，不作干預，觀照它，讓它自動消失。

我們中了活在過去的毒，潛意識裡歡迎痛苦，
吊詭地往往是因為當下活得很幸福，焦慮一切只是假象。
好個恐懼幸福的痛症。

人為何特別喜歡傷口，老是執著舊傷痛呢？

原來人都害怕孤獨，經常希望證實自己的存在價值，

吸引別人的關注，覺得平平淡淡的活著不算有生命意義，

期望發生特別難忘的印記，讓平凡的自己看來獨特一點，添一點重量。

因為傷口有疤痕，能時刻讓你看見，提醒你曾經滄海，

飽歷風霜，替人生刻上深度。於是，你捨不得治癒傷口。

感情創傷方便你去製造一個非凡的身份認同，

就是那種「我經歷過你未經歷過的痛，所以你不明白我」。

表面上，我們都希望別人了解自己，

可是潛意識裡其實大部份人都不希望太被了解，被看穿後便沒戲了。

我們花很長很長的時間助長一個超級自我，
不自覺地死攬最細微最細微的執著。

痛苦不可怕，那只是一種情緒反應而已，
可怕的是死執過去的痛苦長不大，
被掏空信念後無路可走的情感絕境和傷殘。

沒有天生苦命的桃花劫，
性格決定命運倒是七分真，
剩下三分留給執著。

一切痛苦都是自我中心、自我執著的結果。

你希望全世界還就你，否則就是所有人的錯，
卻不曾考慮自己是否也有問題。
最後雙方都活在痛苦中，你不是你，他不是他。

人太軟弱了，無法管好自己內在的分裂，自傷傷人。

人孤單和痛苦，是因為受傷害或被否定時無奈地發現自己的脆弱，
無法借改變別人令自己釋懷。

成長是充滿傷害的過程，固然有太多負面的外在因素，
但歸根究底，我們原來太脆弱，經不起風浪，
失去抵禦傷害的免疫力。

當你不知道自己的心想怎樣，
或者對別人諸多要求時，這正是你精力或能量下調，
或者是思想上、心態上的欠缺，覺得需要補充能量的時候。
在你不自知而要求別人時，便會產生不切實際的幻想，
期待人家給你一個你希望看到的反應，慰藉自己。
可是，當別人滿足不了你，缺失沒有得到修補時，痛苦便會出現。

人因為軟弱，借助過去否定現在不如意的際遇，
最容易不過，但這也是助長懦弱的藉口。

痛苦從來是自作孽，看不透生命的下一步，愈來愈欠缺自信，
太介意失敗，太在意成功，落得倒數年華，怨走青春。

我們其實借別人的存在，保存自戀的秘密。

所有的情緣都是賺回來的，即使是最創傷的經歷，也有正面的訊息。

經歷過傷痛，往往令人更懂得體會真愛的偉大，更懂得愛人愛己。

經歷過不幸，更懂得珍惜幸福和愛；

被傷害過後，才知溫柔和慈悲的美麗。

人在經歷極度沉痛的體驗後，最可能走兩條路：

一是徹底的自我毀滅，

二是立然見空，在極度的恨中瞥見愛。

遇過最傷的痛，對愛會更敏感。

當最痛的感覺也經歷過了，驀然發現，甚麼也不再需要害怕。

從失戀中成長，讓人生變得更好，
不然便是退步，浪費生命，在苦痛中迷失和沉淪。

透過相處我們知道痛苦，感受喜樂，看到執著，
自我成長，明白人生，這時愛才真正出現。

能夠為愛，為失去愛而難過傷心並不壞，甚至很幸福，
因為曾經動過心。感動過，相愛過，已是人生成就。

為失戀難過是人之常情，沒有否定的必要，
甚至應該慶幸，表示你還是有情人，還可繼續去愛，修煉自己。
為失戀而痛苦是執著，表示你沒有真正愛過，
只有慾念，為得不到而受不了，自討苦吃，
難感受愛的神聖和正面能量。難過還是比痛苦好。

有些受過沉痛傷害的人，到頭來反而更熱愛生命，
更懂得愛情，更積極熱衷幫助同病的人。

人最慘不是貧窮或痛苦，而是絕望。

要避免重複傷痛經歷，
別再次加深潛意識確認悲傷的慣性，對自己不利。
待真正靜下來，看透問題，重溫歷史才有正面意義。

能將愛溫柔地注入內心的甘泉，
你將不再嗜痛，迷戀向外尋找所謂愛的假見證。

激烈的愛情關係不能長久，
容易對自己和別人製造創傷。

死命執著兩個人，最終苦了一個人。

不痛不快，原是你選擇的快感。

感情用事比愛更吸引，自討苦吃比愛更堅定。

我們都瞧不起懦夫，偏偏陷入情緒低谷時，我們變成徹頭徹尾的懦夫，失去尊嚴。

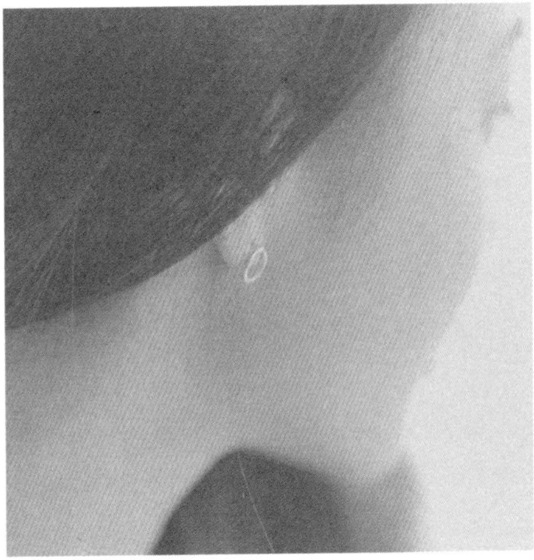

自由

放飛 vs 逃跑

我們都喜歡在新年給自己一個新的機會，放下過去，活好現在，準備將來。

新年是檢討和許願的節日，讓營營役役了三百多天的自己，重整生活，好好執拾一下活得有點凌亂的生活。

有人活得太亂，想放飛自己，不想再被任何人事困住，暗想不如放下，離開現場。

可問題斬不斷，理還亂，加上能力不夠，毅力更不夠，人懶惰，怕麻煩，承擔不了種下的果，心亂不安，被需要被要求善後，只想逃。

這樣的人，年年復年年，不斷重複著問題，不斷逃跑。

逃跑並不是放飛。

逃跑是慌忙的放逐，越逃越心慌。

放飛是輕鬆的旅行，越走越自在。

要真正自由地放飛，先檢視一下放飛的裝備，先清理自己遺留的東西。

假如你為了逃避，選擇「放飛機」，一走了之，不顧後果，把爛攤子留給別人替你受罪的話，你不是放飛，而是任性、自私、不負責任。

當然，你就是因為不想負責任，或者沒能力、沒氣力負責任，不想面對所以逃。

逃跑留給你更大的責任和後遺症，你將難以放下心理包袱，離開不過是逃獄，你不過是逃犯，還有未服完的役，遲早須要回來承擔。

即使你把心一橫不再理會，內心還是無法釋懷，潛藏的內疚、不安和自欺會轉化成負能量，長遠變成心理陰影，製造負面人格，影響往後面對其他人事的心態和力量。

先面對，才能真正豁出去，活在自由裡。

世上沒有不能失去的，除了內心的自由。

最大的體貼，是留有餘地和虛位，
讓對方透氣和換氣，才有新力量和感覺去愛。

放鬆一點，和愛人保持距離，
留一點變幻的可能性，才有驚喜和期待。

愛最令人窒息的地方，
便是以關心之名扼殺對方的自由。

自由要問心，對自己誠實。

給自己一條生路，能豁出去，海闊天空。

每個人都有隱私，每個人也有與生俱來的私慾，
可以分享和滿足是緣分，不可以也不能強求。

當你能毋須害怕和隱瞞甚麼，保持覺知，接受一切的發生，
你便自由了。這時才真正體會深層次的愛。
在此以前，所謂的愛只能算是還未成形，尚在測試中。

愛與不愛，不是由理性和道德決定的。
聆聽自己的感覺，忠於自己，向不同的性別開放，
愛才得以張開翅膀，自由翺翔。

切實體驗過愛，你便明白甚麼是自由。

愛和以為知道甚麼是愛是不同的，前者是自由，後者是死執。

真正的愛，是愛到維護彼此的自由和尊嚴的成熟表現，
是君子之間的感情交流。

自在，自由，就是愛。

最大的道德是愛。

愛的道德從來活在你的念頭裡。

沒有人有權道德判斷你的選擇，
你只須向自己的感受交代和負責任便足夠。
選擇怨恨，死執不放手，才是男女關係最大的業障。

我們沒有資格判斷伴侶的道德，
或要求伴侶按照自己的意願改變，先轉化自己的心胸更重要。
貪慾有害，卻不是錯，否定和怨懟才是情變關係自招的禍根。

最大的幸福，是活得自在、自由和喜樂，
保持清醒和覺知，心安理得。

愛應該變得寬大。
最後的愛，是沒有彼此，
沒有分開，沒有你我的圓融。

真正的愛不會離去，不離去的便不怕失去，也毋須維繫。

愛，是不需要通行證的。

人就是人，從來不是自由的動物，
以為透過選擇便能得到較大的自由，
可過程並不一定快樂。

愛上把愛人納入自己的生活裡所享受的充實感，
並非真正愛上對方，關心對方的生命。

愛永遠只能被靠近（approach），不能被固定下來，
我們只能用接近內心的情感狀態形容愛。
因為愛是永遠開放的，也因此永遠最包容、最珍貴、最靈活，
不至被貧乏的語言固定甚至扼殺死。因為這開放的特性，
愛讓我們成長，超前，看到生命的奇蹟。

最舒服的愛是自在，不期待別人，不等待自己。

不能帶走最大的愛，也不要製造最大的恨。

愛並不需要等待另一半，愛就在這一刻，每一個願意活好的當下。

愛戀關係本來應該很美，只要兩個人懂得孤獨地依存，
緊靠得自由，愛而不佔有，保持親密的距離。

尊重個人活動和思想空間，保持一定自由度，
管你是夫婦還是誓不結婚的伴侶，才是最幸福的兩性關係。

要求進入別人的國度，可以是一種暴力。
為所愛保留空間，便是為關係留有餘地。

人最不智的是總要知道很多，要介入人家的生命。

最親密的伴侶也需要自己的空間，獨自承擔和處理自己的問題。

貪戀寵物的人，或多或少需要透過操控另一個生命來展露愛心，

卻不明白要捨得放生，讓生命回歸自由的道理。

自由，是把執著吹走。

自愛

讓自己變成一棵樹

她自命一生平凡，沒經歷過大成大敗，可她很討厭自己，討厭看到照片中的自己。

「我該如何去愛、接受自己呢？我相信自療是唯一的方法，曾修讀靈修和催眠治療等課程，但和自己的潛意識始終聯繫不上，甚至連自己的內在小孩也未碰上過。

「讀過修煉當下力量的書，了解到須要觀照當下的自己，可是日復日的練習，彷彿只讓我看到一個完全不認識的自己，有點迷失。可以教我一些了解自己的練習嗎？」

了解自己，似乎是每個人都很渴求的方向。

能了解是好的，但了解並不是目的，那只是接受自己的手段。

人是內在分裂的，沒有一個完整的自己，所以我們經常處於矛盾狀

態，不清楚自己到底需要甚麼，怎樣才能滿足自己多變飄忽的慾望。

往腦裡認知和了解，確定一個自己，對生命的提升，是否能成長，安心達命不能起關鍵性的幫助。通過觀照探索自己很好，但也別忘了流動。

觀照是令能量集中的練習，那是陽性的修煉方式。男性世界充斥著練習，女性有更適合自己的修煉方向，那是打開自己的愛，釋放她的流動性。

別老是坐著空想和求靜，起步，走出來，從感受世界、靠近大自然開始投放自己，回歸孕育生命的原始動力。

讓愛在心裡紮根，開枝散葉，妳將變成一棵樹，回歸大地之母原始的愛，繞過了解，回歸自己，獲得平靜與喜樂。

愛是優化生命的入口。

每個人也可以走出來。

你有真誠地活過，愛過自己嗎？

別跟自己過不去。

尋求他愛是藉口，自愛才是出口。

自己是愛最長久的對象，沒有愛比自愛更遲死。

不懂自愛的人，自會害怕何時失去愛。

自愛是愛到放下自我的境界，對自己不離不棄。

每個人也有重生的能力，沒有必然的受害者，
也沒有必然的傷害，只要你有自癒的勇氣和決志。

自愛是生命最基本的原動力，
像吃飯呼吸一樣自然和重要，
偏偏我們卻失去自愛的本能，
經常自虐危害自己。

不愛自己，將不知道甚麼是愛，即使愛已站在你面前。
可笑是我們經常是這樣把愛趕走的，然後埋怨愛沒出現過。

愛的條件是先培養強壯的自愛能量，覺知和管理慾望的能力。

當你還未真正愛過自己，感受過自由的流動愛戀狀態時，
所謂真正深愛，可能只是慾望的陷阱，無力自控的病態。

愛是個人的修行，由自愛開始。

最終能一生一世的，永遠是自愛，
沒有比這更堅定不移，天長地久的愛情。

自愛，是人生最終極的追求和意義。

得到天下最多的關係，也不能換取一份不離不棄的自愛。

自愛的目的是自由，方法要花一生去尋找。

自愛的關鍵在信念和付出，
而不是技巧、際遇、性格或甚麼。

人為愛某個人而痛苦，但不愛某個人，
我們又不懂得愛，原來我們失去了自愛的本能，
所以才需要戀愛，這是愛情最吊詭的陷阱。

人最大的心病不是被否定或離棄，而是自我否定，
從沒接受過自己，需要找別人去愛自己。

心是主宰情緒的總部，打開心胸是自愛的第一步。

活得不稱意，需要能量補給時，
找個情人依偎很好，依賴自己更好。

依賴要付出代價，以尊嚴付賬。

你是自己的主人，毋須乞求愛。

與其百份百依賴男人給你安全感和愛，
不如從自愛開始強化心安感覺的層次，追求更高價值的愛。

先愛自己，令自己變得美麗可人，
站在鏡前深感自己值得被愛，你將不怕失去甚麼。

我們的不完整不是因為失落了另一半，
而是自我分裂不懂自愛的結果。

有信念的人才有希望，有希望的人才能自愛和他愛。

學習自愛的第一步，
便是懂得在適當時候過濾負面思想，鞏固正面想法。

愛很難，愛自己更難，
因為只能怪自己，不再有推卸責任的藉口。

自愛不容易，因為人有惰性。

你才是自己的主人，別否定自己。

從來沒有容易的自愛過程，
不是因為愛的本身很艱難，
而是我們慣性用腦袋去愛，
所以，我們應付的不是愛，
而是腦袋。

最卑微的人也有活著的價值，
沒有人能真正認識你，了解你，
你被否定跟你的內在價值無關，
你毋須認同別人，幫兇否定自己。

先跟自己建立良好關係，先相信自己，
相信自己內在有個神聖的空間，相信自己有能力自我改善，
感激身體對自己不離不棄，默默為你付出，散發內在的慈悲。

很少人能真正自愛，因為無法放下自我的執著，
又容不下別人，無法做到豁達從容。

有甚麼力量，能把迷執的女人拉出困局呢？答案是自愛。

每個人都曾經受過傷害，但活在過去的人會執著傷痛，
勇敢自愛的人會向前走，為自己療傷，
所以他們會健康快樂起來。

學習抓緊活在當下的幸福，轉化過去的負面能量為生之動力，
強壯身體，一步一步邁向自愛的路。

人若忘記悲傷，放過傷害自己的人，是最好的自我釋放，
這是自愛和懂得他愛的表現。

從分手中成長。

愛的能源不靠過去，而靠勇氣，
必須願意從傷害中成長，重建愛的信念，
借自愛發掘力量。這是漫長而孤獨的路，
必須勇敢踏進去，生命才正式開始。

真心想改善自己的話，首先是狠心離開傷害自己的一切源頭，
包括不愛自己的人，和不愛自己的心態。

自愛的人散發愛，自戀的人封閉愛，自私的人要求愛。

能做到不自私，覺知到自戀已經很不錯，
再修下去才是真正的自愛。

自私是取受，自愛是付出。

自私是負面地感染自己和別人，
自愛是正面地感染自己和別人。

自私的基礎是剝削，自愛的基礎是保護。

你以為自己很自愛，其實可以很自私。

當人家不明白你怨你太自私時，可能你很自愛，自私的是對方。

當你為了純粹滿足自己的慾望時，

你的愛是小器，也會影響別人；

但當你為追求自愛時，散發的愛是正氣。

原來自愛也需要決絕和狠心，就是因為人太懦弱，

寧願花很多能量每天問為何那麼苦，也不願意挺身行動救自己。

愛是行動，馬上行動，好好和自己戀愛一場，
你將發現，原來你並不孤單，
自愛的人自然會走在一起，相親相愛，照亮世界。

離婚不一定是答案，但結束偽裝的親密關係，
卻是自愛和重生的開始。

自愛不是想法，而是最具體踏實不過的作息活動。
遇上不幸和苦痛，你得先放下一切，
狠心地將未解決的所有問題擱在一旁，
先不問理由強壯身體，這樣才算真正有誠意和決心自愛。

最有效的自愛活動都是免費的，別給自己逃避的藉口。
從最基本入手：平靜呼吸、保養心臟、微笑、行善。

失戀者要做的，不是從記憶庫中尋找修補自己的力量，
不靠回復以往，而是重新建立快樂體驗。
這體驗得靠自己馬上建造，而非坐著發愁、緬懷過去可以得來。

不夠自愛力量的人容易氣餒，要求別人遷就自己，拋棄他的路，
走上你的路。你連自己的章理也亂了，怎能要求別人跟你亂走呢？

先走好自己的步伐，才有餘地看到同步者的足跡。

了解自己的性需要是自愛的表現，也是做人的責任。

學習説不，學習撇脱説再見，學習狠心不回頭。

每天對著鏡子向自己溫柔地微笑一下，
給自己一點正面的鼓勵，愛的天空自會打開。

喜歡問伴侶是否愛自己，
其實只是反照你不知道自己是否愛自己。

成長的意義是增長愛的智慧和自信，對生命負上愛的責任，
不能被愛也要自愛，不記來時路。

快樂，撿起來就是了，隨時隨地。

若愛夠堅定夠強壯的話，錯過了也會回頭，
不回頭也無憾，你已賺回自愛、信念和定力。

你永遠不會沒有人愛你，因為世上最愛你的人原是你的身體，
無論你多番離棄他傷害他，他也沒有微言繼續支持你，養活你；
也不會沒有你愛的人，因為愛的最基本便是先愛你自己。

讓自己愛上自己，會心微笑，讓心回歸你，
變成你生命的神聖空間和寶藏，你將感到心靈的富足，
不再害怕失去甚麼，不再害怕被遺棄，心自然能安定下來。

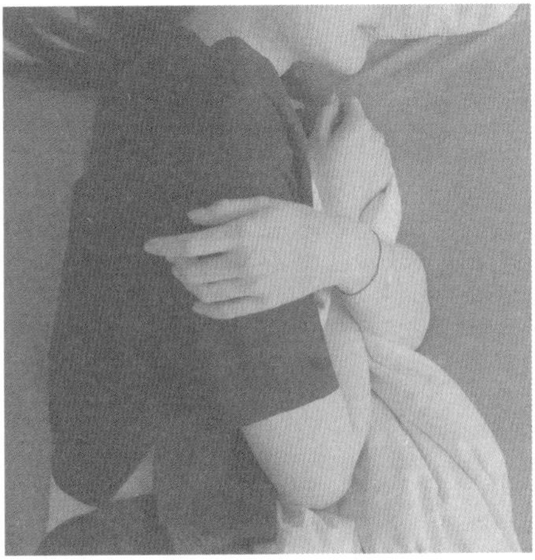

自療

尊重安靜

我的靜心講座上，有讀者在集體靜心「觀」音環節後，說心裡突然出現美麗的草地和幼苗，感覺很美很安詳。

也有讀者分享她害怕靜下來的感覺，說每逢靜下來便會感到害怕，無比寂寞，於是需要不斷說話，逃避安靜。

原來，我們不一定希望靠近靜，因為靜讓我們感到面對自己的孤獨，感到寂寞害怕，寧願讓自己不斷思想，說話，也不想靜下來面對自己。

這樣過活，很不好受，因為我們無法對自己真誠，無法接受自己，活在恐懼和焦慮中。

安靜的重要，是讓我們活得真實，定心，有力量，不容易受傷，不容易害怕，不容易喊累。

安靜讓我們養精蓄銳，看得更清楚、更長遠，心眼更澄明、強壯和美麗。

但如何才能靜下來呢？這是很大的學問和修養。

世上有很多方法教我們安靜，哪個收斂便可用，只要保持開放不迷執，便可從中受益。

有一點值得關注的，就是任何靜心的嘗試，首要條件除了是願意靜心外，更重要是有尊重安靜的心。

尊重是最基礎的修養。

帶著尊重的心對待靜，靜便會出現。

帶著尊重的心對待愛，愛便會出現。

帶著尊重的心對待任何人和事，你自會感到安詳，也會取得力量，不容易受驚害怕。

尊重本身就是一份無微不至的安靜，懂得尊重是自愛和他愛的開始，你能從尊重的心態獲得自我價值和尊嚴。

治療原是自我修行。

尋求治療是修行的一步，並不止於解決問題。

治療若只停留在借助他力改變自己或命運的話，
最終也不是徹底的，永劫回歸夠你受幾世。

要治療，必須首先和自己修和，自愛。

最強的治療，原是靠自己的愛打動自己。

所謂靈性自療，不是學回來記在腦袋的知識，
而是自我修行的方式，
是和潛意識的無窮能量一起共處的創造之旅，
尋找繞過慣性思維進入悟境的微妙，
超越語言枷鎖進入心靈之道。

世上只有自己最有資格治好自己，
但要花的耐性和愛，決心和堅持，
卻是我所明白和領會過最偉大最漫長的愛情。

要相信，每個人也有自療的本能。偶爾走累了，
不妨把自己交出，借宇宙包容的力量安慰自己。

誠實看自己的心魔，
比期待治療的奇蹟更務實，
也是真正決心自療的唯一誠意。

自療，是每個成熟的人的天賦責任。

要真正達到自療效果，離開負面情感記憶的控制，
必須先從腦袋返回心開始。

把流往思想的能量和精力，轉移至我們的心，
讓她平靜，變得溫柔，
愛才能實實在在地真正出現。

反觀自己的內心，先看自己才張看別人，
才是治療愛的智慧。

我不相信無法自拔的愛情，
看透的不過是寧願自虐和縱慾的苦戀。

不要迷信愛別人比愛自己多，這並不是愛，
只是慢性自虐的習慣，也是自我放逐的心癮。

愛別人比愛自己多不過是漂亮的包裝，
令自己變成受害者，製造在愛中被剝削的證據。

人最大的煩惱不在際遇，而是你腦袋裝載了甚麼，是否想歪了，執迷不悟，或者寧願自虐埋怨，拒絕自療。

感受愛，處理愛，必須從定心開始。

心是平靜、和平的泉源。

沒有找到定心位，感情和感覺會轉淡，輕浮。

要懂得返回內心，返回身體，積集能量。

厭倦了關係，是因為把心流放在外的緣故，不能收心定情。

人是軟弱的，所以要覺知，讓自己定下來。
問題在自己處，不在別人。

希望有紮實穩定和深刻的愛情，保持新鮮感，
必須先返回自己的身體，先定心。

找個定位中心，學習修養愛的素質，優化愛的能量，
你將達到前所未有的忘我境界，甚至超越愛情本身。

定心的最好方法是返回自己的身體。
心在每個人的身體裡，不需要刻意尋找和認知。

能看穿愛的流向，能平衡和平靜自己的心，才能真正深愛。

說不沒有問題，只要不是源於反駁或否定的念頭。
觀照後平靜地說不，是不會感到難受和痛苦的，因為那是愛。

豁然接受一切的發生，便不再有衝突和煩惱。

讓判斷和執著穿過透明的身體，
看著它路過，不作抗衡，平靜觀照。
這樣的話，沒有任何人和事能傷害你，
也不需要害怕任何東西了。
因為你已醒覺，放棄了自我，心堅定如山。

壞記憶、壞思想，只是執著的別名，
那為何我們都寧願執著呢？
是因為我們經常被負面情緒騷擾，
無法打開困局走出來，慣性否定它，和它作對，
所以壞情緒老是來糾纏。

我們對執著實在太迷戀了，迷戀到愛它比愛其他一切更重要。
所以，我們無法好好愛一個人，包括愛我們自己。

別助長自我。
看穿自己的軟弱和盲點後，謙虛，接受，沉默，定心。
替生命找個定心點，從觀照身體入手。

我們要提升能量，保持觀照和覺知。這是自愛的重點。

放棄自己的人，自然被人放棄。

能量的流動很奇妙，只要我們讓它流過，打開門讓它進來，
像客人一樣招呼它，它便會滿足，願意離開。

面對負面情緒，當知「過門也是客」的道理。
當壞記憶跑出來時，不要否定它，順其自然，
靜看著它，這時我們便可以抽身不黏心，
大方一點招呼它坐坐，倒杯茶，讓它休息，
它覺得被接受了，自會安然離開。

其實壞情緒只是想找個落腳點而已，
接受它，請它走便是了。

讓悲傷進來，穿過自己；
讓悲傷離去，清理自己。

好好招呼過客，原是我們處理所有問題的方式。
不用否定，也毋須認同便是了，平靜自會出現。

在危機、不安、挫折中，
要學習愛人的態度：不動，接受，駕馭形勢，
那麼，困擾便不會影響自己，事情比想像中的美好。

要自療，必須先管理好自己的貪慾，
打開心胸體諒別人，學習抽離關係，
保留正能量，避免依賴，也別背負別人的生命，
才能儲備自愛和他愛的條件。

你必須先有信念才能改善自己，
自療活壞的身心，有了信念便有希望。

管好自己的，親愛身邊的，
感謝能性能愛，人生已經足夠。

世事沒完美，只能自足，管理好自己。

成佛成聖只是妄想，自療的重點不是成佛，
把自己變成無慾無求的聖人。

每個人都有過去，但每一天都是新的，
沒有留守過去的藉口。

從內在轉化開始，借感恩的力量，
珍惜已經擁有的，別執著已失去的。

我們沒有忘記傷痛的理由，但可轉化它，
回到愛的觀照中，所有的記憶都是安詳的歷史。

原來思想比行動容易，受傷比療傷可憐，依賴比自救好過。
沉溺吸蝕能量，自救也要能量，可能量有限，
你卻努力地選擇被吸蝕，直至不能自拔為止。

不要等待別人施捨愛。

活得一塌糊塗，愛到天翻地覆，痛到不能自容的人，
首先不要從理解去解決問題。
沒有強壯的身體，不可能自療傷口。

感謝自己是最溫柔和管用的治療方法。

自療，先定心。

走山路是最好的自療，身體和意志的純粹鍛煉，超越時間，沒有思想餘地，連生死愛慾都遺忘。求生、走下去的意志是唯一的伴侶。

這樣愛，很好。

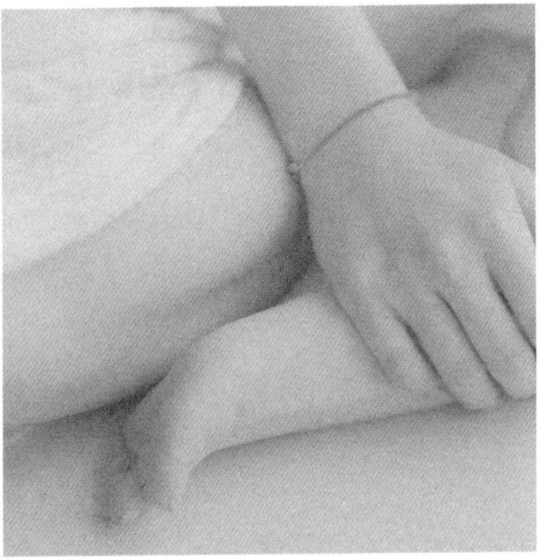

生命

死亡的神聖

一位內地的讀者約好在香港跟我見面，治療她近月失戀的崩潰和困擾。

她每天精神恍惚，嚴重失眠，感到生無可戀。可是見面日期到了，她沒有出現，發短訊問她，回信卻是這個：我是她的表妹，她上周車禍去世了。

不管原因是意外還是蓄意，她還是等不了和自己約定的治療便讓生命結束了。我，很心痛。

死亡是神聖的，沒有好好愛過生命，死亡也不可能是終極的解脫。

帶著尊嚴和滿足地離開是最神聖的旅程，可是，世上沒有很多人能死得有力量、有意義。

認識很多人，有些以死相逼爭取所謂愛情，有些自我放棄自虐到失去自己和生命，有些借想死博取同情和安慰，這些都是廉價的手段，也侮辱了愛。

也有些人積極地活，即使無法再擁有生命，也沒有失去對愛的信念，他們的生命發熱發亮。

否定自己、不願意自愛的人，不可能感受真正的愛，不可能付出愛。自愛是真愛的第一步。

能活著已是一份恩賜，因為不管你活成怎樣，生命決不會主動放棄你，只是你自己放棄了。

活壞了跟愛無關、跟別人無關、跟命數無關，只是放棄和勇氣的取捨而已。

每個人都有選擇。

愛惜生命才是真愛，其他的都不過是我影自憐的病態假象，我們無法從愛的想法和貪念中得到真正的福樂。

好好尊重生死，珍惜早已擁有但被遺忘的幸福。

不要說得不到愛，能活著已是愛。

每個人都有過去，回憶能讓現在的生命微笑，才算沒有白活過。

情之上還有更大的愛，那是對生命的信念。

成長是不斷更新自己的過程，也是生存的意義。

人生苦短，看你寧願花時間去修，還是思前想後去執著。

我們必須很堅強和良善，懷著很大的信念，
信任愛的力量，才能找到活著的出口。

生命的意義有很多，也可以一無所有，
一切，由心決定，你不是跟它做朋友，就是跟它過不去。

路邊的野花不需要生命意義，
卻活得比我們簡單自在和美麗，教人心曠神怡。

生命中，緣分裡，每個人的進進出出，總有某些正面的啟示。

生命不會無中生有，你從甚麼地方來，總有它的機緣。

每個生命都是奇蹟，每段經歷都是緣。

活著，需要激情。

通過覺知自己如何面對死亡，
反映我們其實怎樣看待生命，準備怎樣活這一生。

承擔生命不是我們的責任，我們只須享用生命。

生命得來不易，無損無傷耗到你長大成人也不容易。
你的責任是感謝它，然後超越、進步，活得比上一代更好，
而不是否定自己，否定孕育你成人的家。

我們沒有承擔前世的必要，但我們有活好今生的責任。

不要崇拜任何人、任何道理，自己的生命要靠自己修行。

生命不只為自己而活，但不能為了別人放棄自己。

有人說，不要忽視身邊出現的每個人，
他們大可能是你前世的親人或愛人。
這樣算來，人生在世又多一重意思。

敢愛的生命，自會開花。

你付出多少，便收回多少感動，生命才真正發亮。

拒絕長大、不願意承擔的人，生命並不會輕鬆好過一點的，別搞錯。

面對生命，人必須放棄問「要多久才見效」的吝嗇，謙虛走一生。

生命多元多變，沒有必走的路，也沒有永恒的局。

你不是不想改變，只是不敢改變。
關於這點，也算是大多數人活著最悲哀的詛咒。

世事不在人的掌握中，
不要以為眼前不離身的東西永遠不會背棄自己。

世事充滿諷刺與矛盾，我們得學習適應和應變，助長信念打倒不幸。

人心每刻都在浮動變化。

變，從來沒有時間觀念，是我們把時間加上去，製造變的連續性。

經歷過的都會再回頭，尤其是未能忘記的傷痛。

重複是生命中不能承受的沉重，過去是執著的燃料。

當你懂得珍惜生命，當你真正活在當下，過去便只是「過去」兩個字。

生命是被很多無名的存在默默支持著，別忘記感恩。

活得好的首要條件，甚至是唯一條件，就是愛。

重振自己，是轉化悲傷為生命力量的鑰匙。

人是不斷自我分裂和自我重生的。

現在活壞不是過去的錯。

能包容過去的不幸，才有幸福的可能。

別急著要生要死，最壞的未輪到你，最好的要靠自己爭取。

人生是個學習篩選所要和不要、更生自己的旅程。你才是自己的主人。

生命和愛的條件是勇敢和承擔，也是人必須長大的真意義。

人生多變，我們無法掌握一切，
但有條件學習抓緊的是情緣、心態和愛的素質，
這些都是自我修養的範圍，
其他的，請留給上天。

生命中有些東西不容計算，也無法被等價取替。
看得懂這點，才有條件尋求解脫的出路。

成長的意義，是從傷害中學習愛。

恐懼是愛和生命最大的障礙。

人有很多限制，不妨借助大自然強大的能量，重振生命的激情。

只有深刻地愛過和活過的人，
才明白所有正負強弱愛恨好醜等對立的道德觀念，
只不過是片面浮淺的價值判斷，你還沒有走進真正包容的心。

人與人之間有溫度的交換，能互相感染能量。

我們愛上別人，就是看中對方能包容連自己也無法包容的弱點，
令自己變成完整的人。

愛情的最大意義可能是令生命更完整，令自己更可愛。

愛的重點不在真假對錯，
你可以不相信愛，不相信任何人，自我放棄，
但每刻的呼吸，動情的眼淚，也是真實的情感，
有情慾愛恨和追求的你。
這就是生命，人的價值就在此。
這不是很深的道理，這是你每天照鏡的自己。

愛是情感的需要、能量的泉源、希望的光。
因為世事不完美，因為人容易脆弱，
愛的存在能提升生趣，賦予生命意義。

命運

絕望 vs 信望愛

她說：「沒有你愛的人和愛你的人，生命怎麼不絕望？」

其實人最大的成就是甚麼呢？

是找戀人，結婚生子，名利雙收？

其實不妨簡單一點，人只要能做到安心，定心，遇上挫折也不絕望，已是最大的成就。

人生沒有命定的不幸，只有早衰的絕望。

信望愛是很重要的，有信念便能絕處逢生，有希望便會繼續向前走，有愛便永不放棄，不只為滿足私慾而活著。

這是生命的意義、存在的目的。

你永遠不會沒有人愛你，因為世上最愛你的人就是你的身體，無論你多番離棄他傷害他，他也沒有微言繼續支持你、養活你。

也不應該沒有你愛的人，因為愛的最基本便是先愛你自己。

別怨命，命運沒有待薄任何人，只會順應你的心助你一把。

你悲觀它會把你推向更悲觀，你堅強它會給你更強的能量。

有信念的人才有希望，有希望的人才能自愛他愛。

不要害怕孤獨一個人，不要等待愛。

愛是行動，馬上行動好好和自己愛一場，你將發現原來你並不孤獨，自愛的人自然會走在一起相親相愛，照亮世界。

命運是我們選擇的結果。

命運，或多或少是自己製造的。

命是你選擇的主觀意願，不是天意安排。

已發生的不能改變，
但我們抱著甚麼心胸去面對，
卻是可以調控的。

原來人的心態是怎樣，便會遇上相配的人，
這才是人自製的命運。

命運自有它的軌跡和理由。

命運是我們閱讀的因果，關係也是。

命運像神一樣，其實也是我們的潛意識。

不用挑戰它，不用背負它，

不要和它作對，和它一起走便是了，

像自然呼吸一樣，讓能量互動、轉換和交流。

能夠路上遇上，好歹也是緣分，

總有某種生命的暗示，

在乎你有沒有張開眼睛、耳朵和心胸。

世上沒有單一的真實，也沒有唯一可走的路，
更毋須助長所謂命中註定的迷信，令依賴變成唯一的路。

沒有任何命運保證苦不再來、康復了不會再病，
別幼稚妄望一勞永逸的治療和不勞而獲的幸福。

無論你沿用哪家哪派的觀點去接觸「命運」這課題，
例如紫微斗數、八字面相、星座塔羅、
鐵板神算、奇門遁甲、西洋占星等，
只要是開放、開明、專業的大師，
最後所得出的共識都是：
所謂命數，其實沒有絕對性。

性格最終決定命運。

命運會依照心意而改變，

只要心意稍為變動，命運便大不同。

即使處於很不堪很絕望的境況，當我們懷著無私的愛，

懂得用心和意志去調校自己時，命運便會跟著改寫。

所謂「命」的意思，其實是指我們的所執，從性格上反映出來。

最難改變的是性格，一般人的性格牢不可破，於是才有可算的命數。

命數沒有虛玄，它只是按照你的性格規劃出來的概率。

命運不是定律。

在每個當下處理不同事情時，只是一念之差，
轉一個角度，甚至多轉幾個角度，整個世界，局勢已被扭轉。
關鍵在我們是否捨得、願意和接受，而非是否能夠。

就等你一個決定，生命將瞬間改變。

人焦慮、不安和恐懼，
是因為人情世事難預測，卻無能力改變現實，
困局沒打開，看不到出口。

人情世事大多不了了之，無法解決，
但沒解決並不重要，
重要是先解脫內心的枷鎖，
從改變自己的心態開始。

你沒有被命運擺佈，你不是受害者，
你的問題很簡單也很普遍，
你有能力令自己好起來，
也有能力選擇更積極正面的路。

際遇不好其實反映了我們的能量正在流失，
是損耗心力後對命運的主觀投射。

心態如何，世態便如何。
心一亂，即使最小的變化我們也承受不來。

人生沒有命定的不幸，只有早衰的絕望。

信望愛很重要，
有信念便能絕處逢生，有希望才能繼續向前走，
有愛能生生不息，永不放棄，不只為滿足私慾而活著。
這是生命的意義、存在的目的。

別怨命，命運沒有待薄任何人，只會順應你的心助你一把，
你悲觀時它會把你推向更悲觀，你堅強時它會給你更堅強的力量。

你把事情想得負面，事情便會負面起來；
你把際遇想得糟糕，它便會順意糟糕起來。
別變成思想的僕人。

能觀照思想和情緒相互勾結的深層結構，
便明白反過來和潛意識好好溝通，
注入正面能量的訊息，命運也會改變。

所謂世事有定數的決定因素，
是人本性難移的弱點，
是不變的性格決定命數，而非天意。
這也解釋了同一八字同一姓名的人為何會有不同的命運。

絕望對應的不是命運，而是人心。

天災橫禍我們無法逃避，除此以外，便有很大的彈性和變數。

影響命運主要有三種人為因素：慾望、心癮和固執。
慾望是天性，可以自控和轉化能量，在乎覺知；
心癮是慣性，也可以轉化，在乎定力；
固執是惰性和傲氣的結果，要修心養性。

自困時，最容易得出的結論是：命運待我不好。
可是跌倒，迷失，無助並不是命定的不幸，
只是心智和心態上的慣性而已。

每個人都有絕望時候，
無論你有多強多弱，擁有多少財富，
這跟際遇沒有必然關係，
更多是源於內心的脆弱，一時迷失方向和自信的結果。

與其說際遇很玄，我寧願看更能客觀掌握的能量水平(energy level)。
能量跌了，或者凝住不變動，際遇再好你也無從把握，白白錯失。

所有事情都是自己導演的戲，
由自己擔演，自己刪剪，自己觀賞，自己自己。
我們才是自己最大的因果關係。

原來最好的選擇，
是親手建立新的選擇條件，
另闖康莊新大道。

永遠沒有看透的世情，人事無常變幻不定。

鏡子不但讓我們看到自己，同時也可反映別人。
我們更多時候不是只看到自己，反而是看不到自己，
甚至不願看自己，因為面對自己也是負擔，
寧願看別人，活在別人的影子裡。

我們無法改變際遇和不幸，
但我們可以有覺知能力改變自己的情緒，
所以有些人能堅強面對逆境，
有些會沉溺在抑鬱中不能自拔。
成熟的人是對自己所有的發生負責任。

路的盡頭是哪裡根本不重要，
不管你是否有來世，此生怎樣死去，不要計算命運。
眼前當下自有可觀的風景。

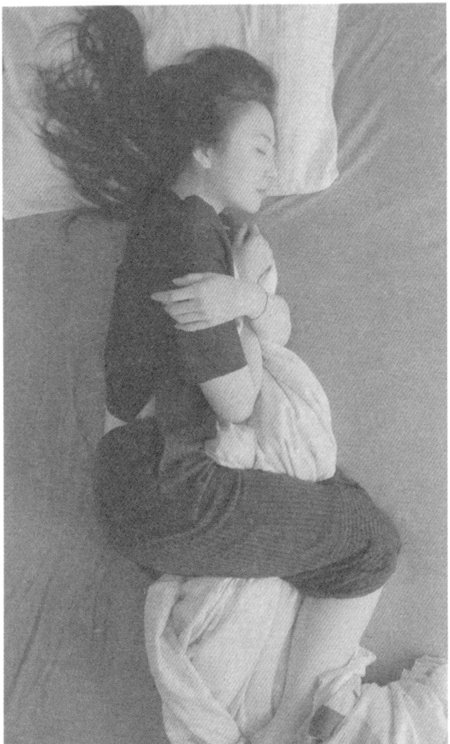

孤
獨

孤獨需要溫度

家裡有隻年幼的小黑貓。

周日和牠親密地過了一天，像帶孩子一樣的交換愛。

晚上打雷下大雨，小黑貓害怕了，走進屋子要我抱，我抱牠到窗前貼身地躺下，黑暗裡一起看雨。牠靠在我身上安心了，興致返回，發現雨點嗒嗒的打在玻璃上滑下來，像看到新生物在移動一樣興奮，本能地用小手掌在窗上猛力拍打雨滴。

看到牠老是拍不中，我便陪牠一起傻，比賽鬥快拍。

貓其實是自足和孤獨的動物，喜歡獨自禪定，自得其樂。

不過，孤獨的動物為何還需要靠近別人取暖和安慰呢？

貓喜歡獨自睡，但若身旁有貓或牠信任的人時，總喜歡靠在另一個身體上睡。

這是一種情感需要，也是平衡心理的需要。

哺乳類動物的特性是需要靠近身體，互相照應，感覺安全和信賴。

被貓親暱地爬到我身上安樂地睡，多次被牠感動到流淚。感謝牠對我的信任，也感謝牠印證了愛的需要。

進化的生物擁有愛的本能。

愛有很多層次，可能只需求安全感或依賴照顧，也可能追求更深層的心靈昇華。

前者有機會變質成貪婪或霸道，後者或可進入修行路。

可以很簡單，可以變複雜。

生命的本質是孤獨，但孤獨和入世親近人並沒有矛盾。

愛讓孤獨增添了人性獨特的美麗本質。

孤獨並非孤伶冰冷，它追求溫度的交感，讓人變得窩心熱暖，不致麻木不仁。

愛是最大的孤獨。

生命是孤獨的，但並不一定寂寞。

存在就是孤獨，不要迷戀依賴，破壞這存在的核心。

活得好便是好好跟自己在一起，
經歷震撼存在的奇妙體驗，
享受純粹的孤獨，保持創造力。

未曾孤獨過，受不住孤獨的人，
永遠不知愛的滋味，有的只是依賴的味道。

快樂的人不需要吸引別人的特別關注，
因為快樂就是懂得享受孤獨。

痛苦是害怕孤獨的結果，
也是要別人關懷自己最方便的手段。

存在的核心就是孤獨，把孤獨等同寂寞難耐的是腦袋，
是我們和潛意識溝通不好，自信不足的負面心理效應，
它跟孤獨的本質無關。

存在是孤獨的，不要怕一個人，
這是生命給我們的純粹啟迪，不帶有任何意義。

生命從來只能一個人走下去，
管你聰明愚笨美麗醜陋富貴貧賤謙虛自大，
都只能一個人來一個人去。

一個人孤獨，兩個人同樣孤獨，
存在從來是孤獨的。

愛的本身是孤獨，
兩個人的愛是兩種孤獨，一起分享。

和自己修補關係，學習寬容，
一個人可以比兩個人好過。

一個人的時候，
有更大餘地赤裸面對自己的盲點，
還能多走一兩步。

所有的智者、導師、治療師，
原來只是過路人，
你不需要當他們的門徒。

在孤獨中瞥見愛，返回自身好好享受和施予，
生命才剛剛開始。

沒有一個人可以依賴任何人，
不是別人不可靠，而是每個人最終都必須經歷孤獨，
面對孤獨，學習和孤獨相處，
這才是人的尊嚴和本質。

孤獨並沒有不妥，反而令生命更自足，
更懂得容納別人，更懂得愛。

害怕孤獨的人，其實是害怕承擔自己。

生命原是獨立的，雖然跟其他人有關聯，
卻不構成必然被人介入的理由。

人需要獨立的空間面對自己，
這是人性需要，不是自閉或自私。

原來我們都害怕孤獨，所以不管他如何虐待你，
你還是寧願愛他，借此建立存在感，感到還在愛著某人，
有人能讓你有歸屬感，可讓你隨時打電話給他，
向他說鬼話，感到自己不是一個人。
你最怕的其實不是失去他，而是失去一把回應你的聲音，
那怕是罵你的髒話你也覺得很淒美。

原來每個人都是孤獨的，無法直接看到自己，
需要借助別人反照自己的倒影。

兩個人也可以很寂寞，當你們無法溝通，
無法欣賞彼此的存在價值，無法分享愛與關懷時。

你不是要擁有對方，而是需要愛。

戀愛需要耐性和包容，也是最孤獨的人生旅程。

孤獨本來便是生命的本質，負面的人卻將孤獨擴大，
變成只有自己一個人領悟的獨特的痛苦。
不要害怕孤獨，不要等待愛。

人需要親密關係，需要追尋愛。

毋須執著一個人，兩個人。

你不懂得在人群中散發愛，你的生命你的愛，不過是脆弱。

人不怕孤獨，最怕抗拒面對內心，無動於衷。

人是孤獨的，但不用執著孤獨。

只有沒有源頭的才是無限和永恒。

當你接受黑暗，活在黑暗裡，

你將體驗孤獨的本質：自在、安全、平靜，

這也是愛的經驗。

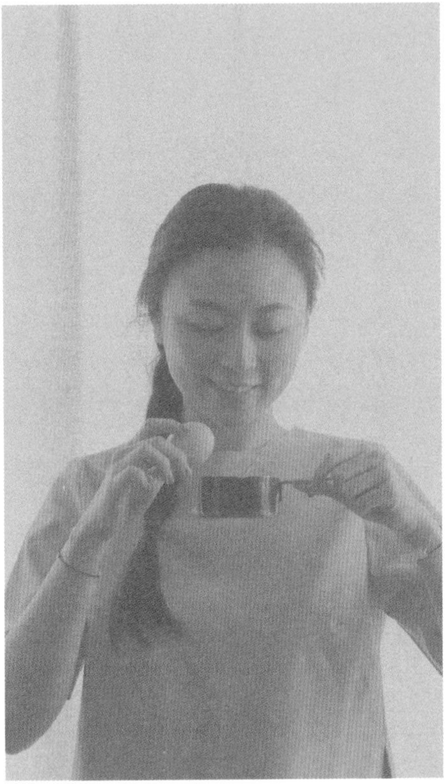

付出

迷信付出

有些人迷信付出。

最初崇拜某人，令對方注意自己，主動付出，希望他對自己另眼相看，不只待自己為朋友，希望成為密友甚至情人。

對方沒有自己預期的態度，最初還會包容，再加努力，希望有一天他能接受自己的好意甚至愛。自己一點一滴的付出，刻意的討好或義務幫助，對方感謝了，卻沒有進一步表示親密。

由希望到失望，由失望到絕望，你開始動搖了；從欣賞到埋怨，從埋怨到責怪，你覺得對方負了你一番厚愛，不明白為何他要這樣對你。你已經超標地付出了感情和精力，他怎能不領情、不動情？

你感到受傷和受騙，判了他的罪，自封受害者。

由向別人推崇他、唱好他，到現在刻意找例證唱衰他，為面子爭氣。

從崇拜到攻擊，從愛到恨，不過是你自編自導自演的戲。

他是無辜的，不過是你設計的角色，他才是受害者。

人有尋找付出對象的慾望，希望找個人給自己投入精力和感情，哪怕對方是朋友、老師、上司或戀人，因為寂寞，自信不足，希望從他們身上找到被關注和重視的感覺。

可是心卻很脆弱，容易搖擺不定，幻想自己的愛很堅定，卻經不起最微小的考驗。太在乎對方的回報，想像被感激和被愛的超現實，結果自卑和自大心理相沖，心理不平衡。

付出是需要條件的，你必須情感獨立，體恤別人真正的需要，別一廂情願。

我們總以為自己付出很多。

能付出是幸福的，能享受付出更幸福。

只有純粹地付出才是真正的愛，
可是我們的愛難純粹，帶著太多慾望和承擔。

學懂放開自己，才有力量付出愛。

假如付出就是苦，你的愛只剩下苦；
假如付出就是福，你的愛便很幸福。

付出的條件是誠實、尊重和信念，對自己，對別人。

人要活得獨立和自重，才有力量和能力去愛，去付出。

每個人都有愛，心是開放的話便會湧現愛。

關鍵在於你是否能發掘內在的愛的能量，

願意付出，懂得量力去愛而不浪費。

不願意付出，只為自己而活的人無法感受愛，也無法愛自己、愛生命。

愛情初段難免是建立關係的感情投資，

這不壞，不要吝嗇，多付出。

沒有付出，我們不懂得應怎樣去了解一個人，
跟一個原來陌生的人相處，看到更陌生的自己。

通過愛一個人，投入一段必須互相付出的關係，
進一步了解人，了解自己。
在優化生命這個意義下，愛情才算偉大。

怕失去是假的，怕戀愛才是真的，
因為你不想真正付出，只貪戀別人的愛。

愛情並不是犧牲或臣下，這是很多女人犯的錯誤。
為了愛情願意付出一切，連最珍貴的尊嚴也願意放棄，
最終得到的不是對方的愛，而是一無所有。

愛到失去自己，他的一切便是我的一切，
把自己的生命變成對方的生命，盲目付出，死而後已，
每刻都怕失去他，怕他離開，
這便是過份，嗆死自己，嗆死別人。

無條件的愛是基於你有能力付出，
愛若不能為自己和對方帶來正面能量，令大家各自成長，
不怕衰老，不怕失去的話，便是愛得虛弱，還未擁有。
你為愛付出的努力，並不保證對方必然的理解和領受。

愛是能量的付出，但付出過多，或錯選了對象，
能量不對勁的話，自然得不償失。

盲目付出是衝動的感情，並不是愛情。

不要計較能擁有多久，
付出，感受，感謝，已經足夠。

想尋找真愛的話，必須先將真愛付出，感受付出的美。

幸福非必然。
希望得到幸福，請先自己掏出來，大方施予。

無條件地付出的條件是，
當你已很富有，心夠堅定，不怕失去。

無條件付出不一定正面，即使你有無限愛，也不宜縱容免費午餐。

當接收者的心胸還未豁達，放縱慾求時，只知理所當然，也是一種害。

愛不能一廂情願，盲目付出。

愛情畢竟是兩個人共同締造的情緣，單方面的付出並不確保幸福。

付出讓生命發亮，賦予生命的價值。

只有願意付出的人，才能真正享受自己的財富。

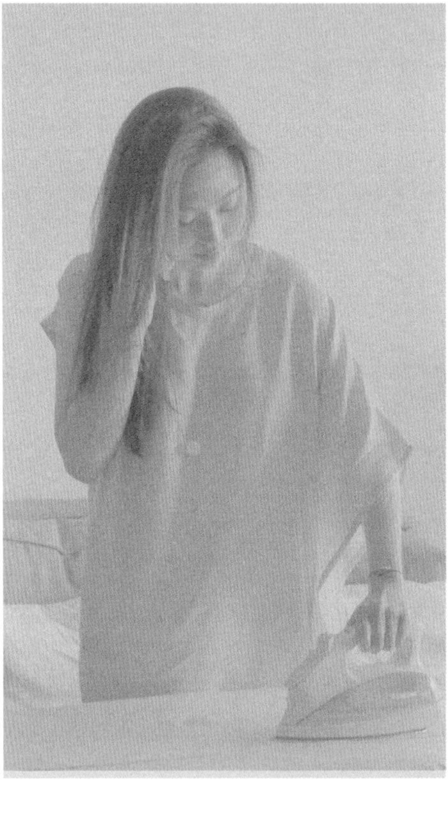

放下

放下 vs 放棄

她剛和男友分手，最初半年傷痛得死去活來，由不解為何會被拋棄，一心希望挽回，到後來的絕望。由以往對他滿心仰慕，到現在一想到他便是否定和埋怨，盡數他曾經對自己的不好，印證他是個不值得她再去愛的壞人。

她說：「我已不再在乎他的一切，我已放下了。」然後把他以往送她的禮物憤怒懷恨地退回，抹掉愛的痕跡。

他的女友剛離開他，他由極力挽回到後來惱羞成怒，認定錯在她，大家沒愛過對方，否認她的愛，否認她為愛他做過的一切，要把這段情史一概毀滅。

他說：「那些都是假的，愛是假的，我不再挽留甚麼了，我已放下。」

其實兩個都不是放下，他們只是放棄了。

放棄是否定的，負面地毀滅過去，自欺欺人。

放下是泰然的，無須毀滅過去，而是肯定過去，讓過去成為生命的一部份，態度包容和慈悲。

放棄和放下可能行為相若，但心態迥異，所反映的能量狀態是正是負，可以當局者迷。

真正能放下的人，不會花精力解釋過去，而是面向當下，樂活現在，包容過去的情緣和關係。

只有放棄的人，才會否定過去，帶著怨恨，惡劣分手。

一場情緣，應好心珍惜，懷著感恩說再見。

情愛是讓人成長的經歷，好歹也是難得的體驗。

沒有所謂壞情史，是好是壞，在乎自己的心胸和氣量。

愛，從來是一種修養。

放下很簡單，在乎你是否捨得。

吃得苦不是目的，放得下才是真理。

在愛中修煉到放下自己，才是愛的終站。

能夠稍為放下自我中心，
為別人著想，讓別人快樂，這是溫柔的慈愛。

放得下，愛才真正活出來。

所謂出走，就是放下。

最難放下的，原是生死愛慾，欲斷難斷的自我迷執。

不該留的，不要挽留。

無法放下只是習慣，跟愛無關；
無法忘記不等於還有愛，那只是慣性，甚至是惰性，
因為你害怕孤獨，害怕自由，獨立不起。

學習放過自己，
原來比要求學懂去愛更重要。
肯放過自我虐待，已經懂得去愛。

放過別人，同樣是放過自己，
這是感情放生的道理。

看到別人的解脫，
才看到自己的困局。

只要願意放下自我，
隨時隨地可以改變能量，解放自己。

分手不是唯一出路，
死執不放卻是死路。

對愛有信念，便不會害怕失去所愛。
即使愛人不在了，藏在心裡的愛會歷久常新。
真正的擁有，是永遠在心底開的花，
而不是死抓手中不肯放開的枯枝。

既然不能再愛，便應該放手，
讓感情流失，像排毒一樣，
把不需要的，甚至有害的物質從身上流走，
説聲再見再上路。

愛並沒有失去，失去的只是一個路人。
對方註定要離開的話，他由始至終也只是一個路人。

依靠過，領悟到，便要放棄，獨自上路，
轉化領悟為愛的智慧，能悟出愛的真諦，
把它的力量發放出來，感染自己和別人。

讓舊愛自然流逝，新愛才有更多位置打開自己的可能性。

愛能不在乎得與失，
在與不在之間徘徊的話，才算真正活現過。

要真的放下，別眷戀過去，
不再靠復活過去療養當下的情感真空。

戀愛能令我們面對、了解、發掘和磨練自己，
甚至是修行，最後放下自己。

醜陋分手和放不下的原因，其實與愛無關，
大半是不甘心，無法容忍自己擁有失誤的歷史，
寧願互相折磨，自欺欺人，不甘劃上瀟灑的句號。

從舊愛中成長過來，好好保留值得留戀的記憶，
也是愛情給人生的禮物。

從失戀中成長，讓人生變得更好，
不然便是退步，浪費生命，在苦痛中迷失和沉淪。

分手是學習自處的好時機，
應集中能量養神，安靜，
才能打開心眼看穿整段愛情歷史的緣與孽。

愛戀中美麗的回憶可以保留一世，為生命充電，
剩下的應該好心送走。

只要我們心平氣和看清楚，張開心扉，
那便沒有失敗的愛情，只會慶幸曾經有福深愛過，
好好和舊愛說再見，祝福彼此的未來。

愈是大方，愛愈會走近。
愈是小心眼，愛人愈感到吃不消，
最終，驅走愛的原來還是自己。

愛到放下自我，平靜地等候自我的消失，
不再貪婪擁有，不再依戀重逢。

放下執著是最大的自由，
那是最孤獨、最平靜、最釋放、最無憂、最喜悅的狀態，
不再有擔心和焦慮，不再害怕走錯或傷害。

怕成為別人的負累是自我的想法。
怕失去對方是害怕空虛。
怕依賴是自我，怕失戀也是自我，還執著彼此，你和我。
自我遊戲是最大的執著。

大部份的執著都是不知足，怕孤獨和忘記感謝。

沒有事情是不可能的，關鍵在我們是否捨得放下當下的執著，
包括自小養成的、堅信的信念和自以為已得到並不願放棄的，
如財富、地位、名譽等。

能放下，才有新轉機。

修
心

大愛

好好愛自己的人有這種心性：

我知足，活得心滿意足，每天有能力對自己對別人寬容微笑。

感謝生命給我的一切，我也盡我所能給生命最好的一切。

哪怕生命隨時走到盡頭，也無悔今生，我已準備好上路，走完一生。

懷大愛的人可以擁有這樣的心胸：

我自愛，我知足，我感恩，我感謝生命，我尊重死亡，即使隨時離開人世，我也早已沒遺憾，只有無盡感激。

但我更願意為愛我的、我愛的人活得長久一點，為他們活得更健康，樂於奉獻自己，因為我的生命不只是我的，我的生命也是他們合成的。

我不只為自己完成自己，我更願意分享我美好的一切。

能愛自己，珍惜生命，是一種福樂。

能放下自我，把生命交還宇宙靈性，融進彙集眾多生命的海洋中，活好自己，無我地奉獻，分享愛，擁有這種心胸，是尊貴的人性，也是尊貴的神聖。

願意付出、懷著仁愛慈悲心的人有很多，但他們未必能真正惠澤世界，因為光有心不足以發揮力量，還需要純真的分享心、平等心及更重要的洞察力，知道到底別人真正需要的是甚麼，而不致一廂情願盲目奉獻，因愛成害。

心術正氣、能量強大的人，有條件為別人為世界付出優質的愛。

擁有大愛條件，擁有洞察力，並願意無私地分享自己的人，才能為世人帶來身心靈改變。

這是真正的慈悲。

先管好自己，才張看別人。

我們無權介入別人的生命，管好自己的生命已很安慰。

佛陀和我們的分別就在這裡：
他選擇在和平內，而我們還在徘徊。

有機會長大已是感恩。

要讓時間過，要經歷。

欠自己的，從來只有我們自己。

信念便是出口。

我們只能祝福過去，感謝發生過的一切。

我們即使無法為世界貢獻甚麼，也別為它增添垃圾。

我們都想做好人，正因為我們都不夠好。

身體和心理是分不開的親密關係，

鎖緊身體，胸襟也隨之拉緊。

豁不開寬容的心胸，哪來容人之量？

包容是很大的愛，必須先由包容自己開始。

己所不欲，勿施於人。

先從解放自我開始，打開心胸才能容人容己。

包容的智慧是，心胸要開放和大量，但不要姑息剝削感情的人。
我們沒有道德責任為所有人付出，耗損自己的正面能量。

一個人時，該有特別清澄的心眼，看透自身的困局。

每個人都有盲點，最大的盲點是維護自己的盲點，否定人家的盲點。
結果我們有衝突，積怨氣，互相擦傷對方的自我。

能超越依賴，方可真正緊扣；能超越離合，方知不離不棄。

從傷口中提升愛，從悲慟中體味淨化和平靜，便能瞥見更大的愛。

這不是神才做得到的，你必須相信。

與其怨人一世，抱持狹窄心胸，

不如向曾經傷害過自己，或者被自己傷害過的人説句感謝。

感謝他們的存在，曾經相伴走過一段人生路，

教自己學會更多的包容，你將充滿愛。

能從緣分中提升自己，看破執著，了斷前世積累的業障，

這一生便沒有白來，你將得到自由。

感謝不是扮演文明的禮教，
而是不會返回怨恨的由衷體會，
打開愛的心輪的重要能量。

感謝改變的不是關係，而是我們的心。

自我是最大的敵人，我們卻寧願成為它的伙伴。

我們有智力否定一切去強大自我，
卻沒有智慧看穿一個微細的執著。

打開愛的心胸，平穩自己，才要求別人，還內心的自由和平靜。

不要執著介懷別人的評語，我們要先分辨出自己的心態，
知道甚麼對自己真正好與不好，有沒有剝削別人，自欺欺人。
這是修心養性的過程。

愛和恨是同樣的能量，看自己希望把它轉化到哪一面，
那一面便主導了靈魂。

真正的絕望，是放棄正視自己。

我們花多少念力構想事情，事情便會受我們的潛意識影響，
讓事情變成構想的結果。

快樂，就是身心合一。

我們要改變的是自己的心胸，而不是別人的思想。

我們沒有能力改變誰，能改變自己已經很慶幸，
只能先反省自己，看清楚自己的缺點，
先改變自己，才有資格和能力改善其他。

拒絕絕望是拒絕迷信，建立自信的選擇。

能讓你鬆弛和安眠的，原是昏暗和黑夜，而不是強光，只是大家忘記了。
學習返回豐富的黑暗，強壯自己的能量，你將不再害怕甚麼。

自卑，不是活壞自己的藉口。
悲觀，是養活不幸的食糧。
自憐，是縱容自己，嫁禍命運的手段。

你不想人家怎樣待你，你便將心比心，
不要以同樣不光彩不尊重的手法對待別人，
尤其是你所謂最愛的人，
因為這樣做只會污辱了愛。

感情是腦細胞產生的化學活動，愛卻是從心而來，
是一種修養，甚至是修行的結果，
而非一般的生理反應。

問題不在問題裡。
不是去solve(解決)問題，而是去dissolve(溶解)。

我們太慣性去思想，
一旦發現腦裡沒甚麼在執著，
找不到理由去感謝，去自愛，
有點不習慣，覺得有問題，這才是問題。
本來無一物，何處惹塵埃？

修心之路人人不同，不用比較，上自己的路就是了。

打開心胸，懂得知足和感恩，才會成功和快樂。

我們其實很富有。

當你的心打開了，你的愛就是海洋，不再貧乏怕受傷。

好好照顧自己的心，對自己的心溫柔一點。

做回你自己，向自己的感受和情緒負責任。

成人成佛，是你選擇的結果。

沒有人需要成佛，我們只管做個合格的人便行了。

修養自己的品德和建立原則，不是為得到別人的信任和尊重，
更重要是你可以信任和尊重自己。

小孩的心單純直接，感受到愛便會滿足，
哈哈一笑繼續玩，忘記過去，活在當下。

人要在全然接受自己後才能放下執著，轉化能量提升自己。

別搞錯，消滅心魔不是神的工作，而是人的責任。

開放的信仰，不會強加自己的想法和信仰在別人身上，不把宗教掛在嘴邊，而是身體力行，低調優雅，心定神閑，眼睛會發亮，感染力很強。所謂見證或修行，能在這些人身上瞥見。

嫖客也可以是君子，好男也可以很虛偽。一個人是否可親可靠，在乎人格和誠信，是否對行為和縱慾負責任。

大方的心才是最後的贏家，吝嗇的心只會令你愈來愈小家，怨天尤人，最終得不到快樂。

不論活成怎樣，人都應該被尊重，懂得自重。維護尊嚴便能自足快樂，感染能量。我們同是施者和受者。

經歷過不幸更懂珍惜幸福和愛，
被傷害過才知溫柔和慈悲的美麗，
關鍵在覺知，超越自己的限制。

超越恐懼的關鍵是變得平靜和溫柔，
而不是尋找更強的力量抗衡它，否定它。
這是最大的包容，這就是真愛。

人不是單為自己而活的，
沒有一個獨善其身的人真正懂得愛。

o

好好愛自己 第一回
Love Yourself Better I
(總第六版)

作者
素黑

責任編輯
寒靜街

美術設計
大紅

攝影
Iris Cheng (文藝女生)

模特兒
Cecilia Ng (Nudité fashion)

服裝提供
Nudité fashion

出版者
知出版社
香港英皇道499號北角工業大廈18樓
電話:(852) 2138 7998
網址:http://www.formspub.com
http://www.facebook.com/cognizancepub
電郵:marketing@formspub.com

發行者
香港聯合書刊物流有限公司
香港新界大埔汀麗路36號
中華商務印刷大廈3字樓
電話:(852) 2150 2100
傳真:(852) 2407 3062
電郵:info@suplogistics.com.hk

承印者
中華商務彩色印刷有限公司
香港新界大埔汀麗路36號

出版日期
二零一五年七月(新版)第一次印刷

ISBN 978-988-8325-40-5
Published in Hong Kong

上架建議:(1)兩性關係 (2)心理勵志 (3)流行讀物

知出版社
COGNIZANCE PUBLISHING